CRIME E CONSTITUIÇÃO

A LEGITIMIDADE DA FUNÇÃO INVESTIGATÓRIA DO MINISTÉRIO PÚBLICO

No. 0758

LENIO LUIZ STRECK
Pós-Doutor em Direito Constitucional e Hermenêutica – Universidade de Lisboa
Doutor em Direito do Estado – Universidade Federal de Santa Catarina
Mestre em Filosofia do Direito – Universidade Federal de Santa Catarina
Professor dos Cursos de Mestrado e Doutorado em Direito da UNISINOS-RS
Professor Convidado das Universidades UNESA-RJ e UNISC-RS
Procurador de Justiça – RS
e-mail: lenios@globo.com
www.leniostreck.com.br

LUCIANO FELDENS
Doutorando em Direito Constitucional pela Universidade de Valladolid (Espanha)
Mestre em Direito – UNISINOS-RS
Especialista em Direito Penal – UNISINOS-RS
Professor de Direito Penal na UNISINOS-RS (Graduação e Especialização)
Professor de Direito Penal na Escola Superior do Ministério Público do RS
Professor de Direito Penal na Escola Superior da Magistratura Federal
Procurador da República no RS
e-mail: luciano@prrs.mpf.gov.br

CRIME E CONSTITUIÇÃO

A LEGITIMIDADE DA FUNÇÃO INVESTIGATÓRIA DO MINISTÉRIO PÚBLICO

3ª edição
revista e atualizada

EDITORA
FORENSE

Rio de Janeiro
2006

1ª edição – 2003
2ª edição – 2005
3ª edição – 2006

© Copyright
Lenio Luiz Streck e Luciano Feldens

CIP-Brasil. Catalogação-na-fonte.
Sindicato Nacional dos Editores de Livros, RJ.

5895c
Streck, Lenio Luiz
    Crime e constituição: a legitimidade da função investigatória do Ministério Público/ Lenio Luiz Streck e Luciano Feldens. – Rio de Janeiro: Forense, 2006.
    Inclui bibliografia
    ISBN 85-309-2424-X
    1. Brasil. Ministério Público. 2. Investigação criminal. 3. Inquérito policial.
I. Feldens, Luciano. II. Título.

03-1651.   CDU 343.163:343.1(81)

A presente obra foi revisada pelos autores.

    O titular cuja obra seja fraudulentamente reproduzida, divulgada ou de qualquer forma utilizada poderá requerer a apreensão dos exemplares reproduzidos ou a suspensão da divulgação, sem prejuízo da indenização cabível (art. 102 da Lei nº 9.610, de 19.02.1998).

    Quem vender, expuser à venda, ocultar, adquirir, distribuir, tiver em depósito ou utilizar obra ou fonograma reproduzidos com fraude, com a finalidade de vender, obter ganho, vantagem, proveito, lucro direto ou indireto, para si ou para outrem, será solidariamente responsável com o contrafator, nos termos dos artigos precedentes, respondendo como contrafatores o importador e o distribuidor em caso de reprodução no exterior (art. 104 da Lei nº 9.610/98).

    A EDITORA FORENSE se responsabiliza pelos vícios do produto no que concerne à sua edição, aí compreendidas a impressão e a apresentação, a fim de possibilitar ao consumidor bem manuseá-lo e lê-lo. Os vícios relacionados à atualização da obra, aos conceitos doutrinários, às concepções ideológicas e referências indevidas são de responsabilidade do autor e/ou atualizador.

    As reclamações devem ser feitas até noventa dias a partir da compra e venda com nota fiscal (interpretação do art. 26 da Lei nº 8.078, de 11.09.1990).

Reservados os direitos de propriedade desta edição pela
COMPANHIA EDITORA FORENSE
Endereço na Internet: http: www.forense.com.br – *e-mail:* forense@forense.com.br
Av. Erasmo Braga, 299 – 1º e 2º andares – 20020-000 – Rio de Janeiro – RJ
Tel.: (0XX21) 3380-6650 – Fax: (0XX21) 380-6667

Impresso no Brasil
Printed in Brazil

ÍNDICE

Introdução – O Falar dos Textos e sua Densidade Político-Constitucional.................... 1

Capítulo I – A (Nova) Função do Ministério Público diante do Direito Penal do Estado Democrático de Direito................... 11
1.1. O perfil jurídico-constitucional do (novo) Ministério Público . 11
1.2. A assunção constitucional do modelo de Estado Democrático de Direito: projeções sobre a operacionalização do Direito Penal............................ 16
1.2.1. Estado Democrático de Direito e Justiça Constitucional: o fortalecimento político-institucional do Ministério Público e do Poder Judiciário 16
1.2.2. Estado Democrático de Direito e Direito Penal: bases para um enfoque constitucionalista do Direito Penal .. 19
1.3. O papel do Ministério Público no marco do Estado Democrático de Direito 40

Capítulo II – O Posicionamento do Supremo Tribunal Federal quanto ao Poder Investigatório do Ministério Público: Uma Crítica do Ponto de Vista Hermenêutico . 47
2.1. A decisão no RHC 81.326-DF: a fixação da controvérsia . 47
2.2. O "método histórico" como sustentáculo da argumentação: uma problemática originariamente hermenêutica: a fragilidade dos métodos ou cânones interpretativos 56
2.3. Sobre a "legitimidade histórica" (*sic*) da polícia para investigar: a descontextualização temporal e constitucional do problema 71

Capítulo III – A Investigação Criminal pelo Ministério Público:
        Exegese Constitucional e Legal   75
3.1. A redução do problema ao seu real objeto: "condução de inquérito policial" e "realização de diligências investigatórias": duas situações distintas   75
3.2. A realização de diligências investigatórias pelo Ministério Público: legitimação constitucional e base legal   76
    3.2.1. A legitimidade constitucional do poder investigatório do Ministério Público   76
    3.2.2. A proveniência legal da função investigatória.   78
    3.2.3. A compatibilidade da investigação criminal do Ministério Público a uma finalidade constitucional que lhe é própria   80
3.3. Da inexistência de monopólio da Polícia para a realização de diligências investigatórias   87
    3.3.1. Investigações no âmbito do Poder Executivo   88
    3.3.2. Investigações no âmbito do Poder Legislativo   90
    3.3.3. Investigações no âmbito do Poder Judiciário   92
    3.3.4. O Supremo Tribunal Federal depois do RHC 81.326-DF e o reconhecimento acerca da não-exclusividade da investigação policial: avanço ou recuo?   95

Aportes Finais – A Busca de (Novas) Definições. A Necessidade
        de Superação da Tradição   99

Bibliografia 111

Introdução

O FALAR DOS TEXTOS E SUA DENSIDADE POLÍTICO-CONSTITUCIONAL

I – No filme *O Dossiê Pelicano*, presenciamos uma cena na qual o professor de Direito Constitucional de uma universidade norte-americana relata para seus alunos que no Estado da *Georgia* fora aprovada uma lei alçando uma conduta sexual (sodomia) à categoria de crime e que a Suprema Corte, instada a decidir acerca da argüição (incidental) de inconstitucionalidade da lei (haja vista eventual violação à privacidade dos cidadãos), emitiu o seguinte julgado, tornado precedente: não é inconstitucional que o Estado classifique determinadas condutas – no caso concreto, a sodomia – como criminosas.[1] – "Este é o precedente", comunica o professor, passando, logo em seguida, ao próximo *case*. Neste exato

---

1 O caso em referência (*Bowers v. Hardwick*, 30.06.1986) é paradigmático sob diversos aspectos, podendo ser enaltecido: a) pela relevância do direito invocado (*the right to be let alone*); b) pela escassa maioria que sustentou a decisão (cinco votos contra quatro), circunstância curiosa se combinada à ulterior reversão de posicionamento do *Justice* Lewis Powel, o qual proferiu o voto de desempate, c) e, também, pelo fato da – recentemente noticiada – modificação no entendimento da Suprema Corte norte-americana

instante, uma aluna interpela o mestre para dizer: – *"The Supreme Court is wrong"*.
II – Esta é a idéia do presente texto. Buscar demonstrar que no julgamento do RHC 81.326-DF, o Supremo Tribunal Federal do Brasil, ao negar genericamente ao Ministério Pú-

---

quanto à matéria. Em síntese, o caso envolve a prisão de Michael Hardwick pela prática de sexo oral com outro homem em sua própria casa. O casal foi descoberto por um oficial da Polícia que, em cumprimento a mandado judicial, adentrara na residência de Hardwick com o propósito de garantir o pagamento de uma multa que lhe fora imposta por beber em público. Sob as leis da *Georgia*, a sodomia é um delito grave; sujeita o infrator à pena de até 20 anos de prisão. Embora o promotor distrital não tenha processado criminalmente Hardwick, também não afastou a multa que lhe havia sido imposta à ocasião. A partir disso, Hardwick moveu uma ação civil em face do Estado, a qual, tendo como demandado o procurador-geral da *Georgia*, Michael J. Bowers, desafiava a constitucionalidade da lei que criminalizava a sodomia. Hardwick sustentou sua argumentação no *right of privacy*, mais especificamente no direito fundamental a estar/ser deixado só, bem assim nos consectários lógicos e jurídicos dele decorrentes. Na solução do caso, a Suprema Corte refutou a extensão do direito constitucional de privacidade à proteção de atos de sodomia homossexual, ainda que praticados na privacidade do lar de seus protagonistas. A maioria viu-se liderada pelo *Justice* Byron White, o qual assentou que o direito à privacidade, tal e como vinha sendo entendido por aquela Corte, fazia-se vinculado a circunstâncias que necessariamente envolviam *"family, marriage or procreation"*, hipóteses essas em nada relacionáveis com *"homosexual activity"*. White chegou a afirmar que o direito à privacidade estaria "limitado" ao alcance dessas três situações referidas (família, casamento e procriação), qualificando de "risível" (*facetious*) a linha argumentativa segundo a qual tal direito haveria de aplicar-se ao caso concreto porque – conforme se alegava na demanda – estaria *"deeply rooted in this Nation's history and tradition or implicit in the concept of ordered liberty"*. Anotou White que até 1961 todos os 50 estados americanos tinham como ilegal a prática da sodomia, sendo que em 1986 (data do julgamento) 24 estados, além do *District of Columbia*, continuavam a proibi-la. Em contrapartida a tal entendimento, ergueu-se a corrente capitaneada pelo blico a possibilidade de desempenhar função investigatória – para a qual se encontra legalmente investido e constitucionalmente legitimado – *não conferiu o melhor sentido à Constituição*. Como adiante intentaremos aprofundar, no plano normativo nossa divergência traz como fundamento conclusão que se retira do cotejo do art. 129, IX, da Constituição, com os artigos 8º, V, da Lei Complementar 75/93 (Estatuto do Ministério Público da União), e 26 da Lei Federal 8.625/93 (Lei Orgânica Nacional do Ministério Público), a permitirem ao Ministério Público a realização de *diligências investigatórias* voltadas a subsidiar futura promoção de ação penal pública, sendo essa a primeira de suas funções institucionais (art. 129, I, da CRFB).

Justice Larry Blackmun. Criticando contundentemente o posicionamento expendido por White, Blackmun entra em cena afirmando que o que estava em jogo não era um *"fundamental right to engage in homosexual sodomy"*, mas, sim, *"the right most valued by civilized men, namely, 'the right to be let alone'"*. Assentada a divergência, o julgamento estava empatado: quatro votos contra quatro. Seria o *Justice* Powel quem anotaria o nono e decisivo voto. Powel chegou a ensaiar decisão em favor de Hardwick, baseando-se, a tanto, na Oitava Emenda à Constituição americana (VIII –*Excessive bail shall not be required, nor excessive fines imposed, nor cruel and unusual punishments inflicted*). Todavia, acabou por não reconhecê-la tangenciada – como, de resto, qualquer outro dispositivo da Constituição –, porquanto Hardwick não fora demandado criminalmente. Mais adiante, contudo, em outubro de 1990, em palestra proferida na *New York University*, Powel, rememorando sua atuação no julgamento sob apreço, viria a admitir que provavelmente havia cometido um equívoco (sobre o tema, conferir *The Oxford Companion to the Supreme Court of the United States*. Edited by Kermit L. Hall. New York: Oxford University Press, 1992, pp. 79-80, comentário assinado por John Anthony Maltese).

III – A questão sob apreço, todavia, faz-se ainda mais complexa. Com efeito, para além de cingir-se ao plano estritamente normativo, incorpora-se de elevada densidade político-constitucional. Na medida em que a Constituição de 1988 estabelece um novo paradigma no campo jurídico-político, exsurgindo o Estado Democrático de Direito como um *plus* normativo em relação às fases/dimensões estatais anteriores (Estado Liberal e Estado Social), torna-se absolutamente relevante que (re)discutamos o perfil a ser assumido pelas instituições encarregadas da defesa da ordem jurídica – entendida esta em sua dimensão material – a partir do que dispõe o núcleo político da Carta. Inolvidável, nesse diapasão, que novos paradigmas engendram novos olhares, clamam por novas interpretações.

IV – Nesse sentido, há se indagar acerca do alcance da normatividade da Constituição, seu papel dirigente e suas perspectivas compromissárias. Ultrapassando posturas enciclopedistas, a partir do aprendizado das lições do "Debate de Weimar", parece-nos evidente que uma teoria da Constituição deve estar umbilicalmente ligada à teoria do Estado. Conseqüentemente, a evolução do Estado deve ser analisada em paralelo à trajetória do Direito e das Constituições. Desse modo, resta cristalino que *o Direito não se imuniza aos saltos paradigmáticos do Estado*. O perfil nitidamente intervencionista que caracterizou o Estado Social e que continua presente no atual estágio do Estado Democrático de Direito aponta para um Direito de conteúdo não apenas ordenador (Estado Liberal) ou promovedor (Estado Social), mas, sim, potencialmente transformador.

V – A revolução copernicana por que passaram o Estado e o Direito, não temos dúvidas em afirmar, permeia o Direito Penal, cujas baterias, sintonizadas ao fenômeno de incorporação constitucional de direitos coletivos e sociais, devem agora se direcionar para a proteção de bens jurídicos de índole transindividual. Dizendo de outro modo, deve o Estado, paralelamente à atividade que tradicionalmente vem de desempenhar em face de condutas que atentam diretamente contra a vida, a liberdade e a dignidade humana, *priorizar o combate aos delitos que colocam em xeque os objetivos da República*, inscrevendo-se nesse rol, dentre outros, os crimes de sonegação fiscal, os crimes contra o sistema financeiro nacional, a corrupção, a lavagem de dinheiro e os delitos contra o meio ambiente.

VI – Como consectário lógico dessa transformação paradigmática havida na teoria do Estado e do Direito, o Ministério Público, que tem sua raiz histórica predominantemente conectada ao combate dos crimes que colocam em risco os interesses das camadas dominantes da Sociedade (via de regra, a propriedade privada), recebe, inegavelmente, um novo delineamento jurídico-constitucional a partir de 1988. E não poderia ser diferente, na medida em que o próprio Poder Judiciário passa a ostentar um relevo nunca antes alcançado, o que pode ser constatado pelos perfis intervencionistas assumidos pelos Tribunais Constitucionais surgidos nas democracias contemporâneas a partir do segundo pós-guerra, a ponto, por exemplo, de o *Bundesverfassungsgerich* inquirir de inconstitucional uma lei do parlamento que descriminalizava, sob determinados pressupostos, o delito de aborto. Principiava-se, assim, por estabelecer-se marcos (limites mínimos) delimitadores à liberdade de conformação do legislador (penal).

VII – Para esse desiderato – representado pelo compromisso das instituições de construir um Estado Social (que no Brasil, até então, foi um simulacro) – o poder constituinte brasileiro, na senda das preciosas lições dessa tradição inaugurada pelo (neo)constitucionalismo europeu, arquitetou, no plano institucional, um Ministério Público com garantias similares às do Poder Judiciário, alçando-o, demais disso, a guardião dos interesses transindividuais da Sociedade e do próprio regime democrático. Conferiu-se-lhe, assim, as incumbências inscritas no art. 129 da Constituição, destacando-se, no particular, a de promoção da ação penal pública e a de controle da atividade policial, *o que adviria exatamente como conseqüência da virada paradigmática decorrente de um novo olhar sobre o combate ao crime. Ou seja, se até então tínhamos um Ministério Público dependente do Poder Executivo, repassador de provas realizadas por uma polícia sem independência, era chegado o momento de controlar-se a atuação das polícias brasileiras.*

VIII – Cabe-nos, então, ressaltar aquilo que se revela por demais relevante: ao contrário do que recorrentemente preconizado por setores da doutrina e da jurisprudência, *as funções institucionais acometidas ao Ministério Público não se esgotam na literalidade mesma do art. 129 da Constituição*. Atente-se, a tanto, que este mesmo dispositivo constitucional apresenta-se como uma *cláusula de abertura* ao desenvolvimento, pelo Ministério Público, de "*outras funções que lhe forem conferidas, desde que compatíveis com sua finalidade*" (art. 129, IX, da CRFB).

IX – Nesse compasso, adveio a constitucionalmente requerida lei complementar, cuja missão assentar-se-ia, dentre outras, no estabelecimento das "*atribuições*" do Ministério Público (art. 128, § 5º, da CRFB). Em consonância à diretriz constitucional, e considerando-se, ademais, que "*somente a lei*" poderia especificar as funções acometidas pela Constituição ao Ministério Público (art. 5º, § 2º, da LC 75/93), o art. 8º da Lei Complementar 75/93, que: "*para o exercício de suas atribuições, o Ministério Público da União poderá, nos procedimentos de sua competência: V – realizar inspeções e diligências investigatórias*". De forma similar, o art. 26 da Lei Federal 8.625/93 prescreveu que "*no exercício de suas funções, o Ministério Público poderá: I – (...) c) promover inspeções e diligências investigatórias*". Não fosse isso o bastante, o constituinte houve, ainda, por constitucionalizar os meios necessários ao bom desempenho dessa atribuição ministerial, razão pela qual conferiu ao Ministério Público o *poder constitucional de requisição* (art. 129, VI e VIII).

X – É a partir desse conjunto de atribuições constitucionais e legais que nos será possível aquilatar a dimensão do *atuar institucional* do Ministério Público. É, pois, a partir desse belvedere interpretativo que devemos situar as bases para um adequado procedimento compreensivo acerca do sentido e do papel da Instituição ministerial na moldura do Estado Democrático de Direito.

XI – Qualificando-se como objetivo do Estado brasileiro a construção de uma sociedade justa e solidária (art. 3º da CRFB) – e a isso se obrigando, com notória primazia, o Ministério Público (art. 5º, I, "c", da LC 75/93) –, o combate à criminalidade que obstaculiza tal desiderato predispõe-se a merecer um acurado e adequado tratamento. Transformou-se o Estado. Mudou o Direito e, com ele, o Direito Penal. Daí por que *o Ministério Público, nesse contexto político-normativo, não pode mais ser visualizado do alto – e do longe – da tradição penal-processual que se estabeleceu no Brasil nas últimas seis décadas, a partir de um imaginário liberal-individualista-normativista forjado no Código Penal de 1940 e no Código de Processo Penal de 1941*. Trata-se, em síntese, de compreender o problema sob um olhar pós-iluminista, afastando velhas dicotomias que serodiamente separam Estado e Sociedade, como se o indivíduo fosse um débil a ser protegido contra a maldade do *Leviatã*.

XII – São essas, em essência, as preocupações que nos levaram a produzir as presentes reflexões. Buscamos trazer elementos que se habilitem a contrapor-se à hermenêutica restritiva sobre as atribuições do Ministério Público em matéria de investigação criminal oferecida pelo Supremo Tribunal Federal no julgamento em referência. E, na medida em que interpretar é dar sentido (*Sinngebung*), e não extrair (ou desacoplar) sentidos (*Auslegung*), procuramos construir – a partir de uma contextualização histórico-constitucional e da superação da tradição liberal-individulista-iluminista que (ainda) sustenta as práticas penais em nosso país – *argumentos aptos a demonstrar que a interpretação do Supremo Tribunal Federal não é a única possível*. Há fortes indicadores – que podem ser extraídos da Constituição e até mesmo de precedentes do próprio Supremo Tribunal Federal – apontando para sentidos jurídicos diversos, presente a noção segundo a qual *atribuir sentido é construir sítios de significância* (delimitar domínios), *é tornar possíveis gestos de interpretação*, nas felizes palavras de Eni Puccinelli Orlandi.

XIII – Pretendemos, enfim, na esteira desse momento indubitavelmente histórico no qual se faz questionar, perante a Suprema Corte, a atuação de uma Instituição pública brasileira constitucionalmente comprometida com a defesa do Estado Democrático de Direito (art. 127 da CRFB), impondo-lhe limites sensíveis, contribuir para o aprofundamento do debate acerca do papel institucional do Ministério Público, do Poder Judiciário e das demais instituições encarregadas de combater o crime em *terrae brasilis*.

XIV – Despiciendo dizer que não desejamos ostentar a última palavra sobre o assunto. A caçada por normas, paradigmas ou critérios absolutos dá apenas o testemunho da situação metafísica de saída do historicismo, que obedece à lógica de um pensamento que suprime o tempo, como alerta Jean Grondin. Certos de que a doutrina também erra, acreditamos, ainda assim, ser esse o seu papel: demonstrar e trazer a lume os grandes debates para, no limite, colocar em xeque as decisões de uma Corte Suprema.² Se a tanto não chegarmos, ao menos estamos convictos de que o foro é apropriado à re-problematização da questão. Essa é, aliás, a riqueza do Direi-

---

2 Atente-se, nesse tom, que, a partir de intenso debate gerado no ambiente jurídico norte-americano, em 26.06.2003 a Suprema Corte dos Estados Unidos, igualmente por maioria de votos (seis contra três), revisou seu posicionamento quanto ao delito de sodomia no Caso *Lawrence v. Texas* (nº 02-102). Em tal situação, *John Geddes Lawrence* e *Tyron Garner* haviam sido flagrados, presos e ulteriormente condenados pela prática de atos homossexuais na residência do primeiro. Desta feita, louvou-se a Suprema Corte não exclusivamente no direito à intimidade, senão que também entendeu que a norma incriminadora (*Texas Penal Code Ann. § 21.06.a: 'Homosexual Conduct (a) A person commits an offense if he engages in deviate sexual intercourse with another individual of the same sex'*) esbarrava no próprio direito à liberdade pessoal, bem como no direito de igualdade – no caso, entre homossexuais e heterossexuais –, amparados pela 14ª Emenda (*equal protection of the laws*) à Constituição americana, mostrando-se, portanto, inconstitucional. Segundo assentado pelo *Justice* Kennedy, "*a liberdade protege a pessoa contra intrusões estatais indevidas no lar ou em outros locais privados. Em nossa tradição, o Estado não é onipresente na casa, havendo também outras esferas onde a presença do Estado não deve ser dominante. A liberdade presume uma autonomia do cidadão que inclui a liberdade de pensamento, de convicção, de expressão e de certas condutas íntimas*".

to. Como bem salienta Hans-Georg Gadamer, se queremos dizer alguma coisa sobre um texto, deixemos, primeiro, que o texto nos diga algo.

XV – Estudemos, pois, a questão. Com uma advertência, entretanto. Sem prejuízo de eventuais referências a decisões de nossas Cortes – as quais, sabe-se à exaustão, existem em abundância bastante a confortar ambas as posições em situação de antagonismo –, importa-nos conferir ao tema, a partir de sua perspectiva hermenêutico-constitucional, doses adicionais de legitimidade, o que não se logra conquistar a partir de uma análise puramente descritiva – *acrítica*, portanto – do produto da jurisprudência. Afinal, como já advertia Hungria em seu tempo, doutrina e jurisprudência, por mais respeito que mereçam, não devem ser tratadas como *tabus* ou exibidas como *roupas de franceses*.[3]

---

3 Cf. HUNGRIA, Nelson. *Comentários ao Código Penal*. Rio de Janeiro, Forense, 1980, v. I, t. I, p. 73. Para o autor, "nunca é demais repetir-se que o *usus fori* e a *opinio doctorum*, por mais respeito que mereçam, não devem ser tratados como *tabus* ou exibidos como *roupas de franceses*. O chamado *argumento de autoridade* deve ser expendido *cum grano salis*, e somente para arrimo ao raciocínio na solução de questões seriamente controvertidas (...). À força de se impregnar de doutrina e jurisprudência, o juiz despersonaliza-se. Reduz sua função ao humilde papel de esponja, que só restitui a água que absorve. Constrói no seu espírito uma parede de apriorismos e preconceitos jurídicos, que lhe tapam as janelas para a vida", cit., pp. 73-80.

Capítulo I

A (NOVA) FUNÇÃO DO MINISTÉRIO PÚBLICO DIANTE DO DIREITO PENAL DO ESTADO DEMOCRÁTICO DE DIREITO

1.1. O perfil jurídico-constitucional do (novo) Ministério Público

Rigorosamente, se o que buscamos por meio de um debate de conteúdo jurídico-político é conferir ao tema um fundamento legítimo de validade, é-nos imperioso demarcar o espaço teórico-discursivo que o circunda, o que apenas se logra obter a partir de sua necessária contextualização. Trata-se, enfim, de examinar o estado da arte do problema a ser investigado. Por isso, a discussão acerca das atribuições – e em especial da função investigatória – do Ministério Público pressupõe do intérprete a contextualização do problema no ambiente político-normativo no qual está imersa a Instituição.

Sob um *enfoque predominantemente político*, não cabe descurar que o poder constituinte originário, apartando-o radicalmente do Poder Executivo, arquitetou o Ministério Público como autêntico órgão de defesa social, dotando-o dos atributos de perenidade e essencialidade (art. 127 da CRFB). Como assentado pelo Ministro do Supremo Tribunal Federal Celso de Mello, em acurada análise elaborada a partir do exame das – então novas – atribuições ministeriais, "*o Ministério Público tornou-se, por destinação constitucional, o defensor do povo*".[1] Das linhas-mestras que formatam sua configuração constitucional resulta inequívoco que o Ministério Público atual tem seu perfil não apenas *moldado pela*, mas *vinculado à* positividade emergente do Estado Democrático de Direito. Por essa mesma razão suas funções institucionais parecem anotar em seu favor o predicado da intangibilidade. Nessa linha, aliás, aparenta ser a dicção do Ministro Celso de Mello, para quem a ordem constitucional outorgou ao Ministério Público "atribuições inderrogáveis", *verbis*:

> "*Foi a Constituição Federal de 1988, inegavelmente, o instrumento de consolidação jurídico-constitucional do Ministério Público. Ao dispensar-lhe singular tratamento normativo, a Carta Política redesenhou-lhe o perfil constitucional, outorgou-lhe atribuições inderrogáveis, explicitou-lhe a destinação político-institucional, ampliou-lhe as funções jurídicas e deferiu, de maneira muito expressiva, garantias inéditas à própria Instituição e aos membros que a integram. Foram, assim, plenas de significação as conquistas institucionais obtidas pelo Ministério Público ao longo do processo constituinte de que resultou a promulgação da nova Constituição do Brasil. Com a reconstrução da ordem constitucional, emergiu o Ministério Público sob o signo da legitimidade democrática. Ampliaram-se-lhe as atribuições; dilatou-se-lhe a competência; reformulou-se-lhe a*

---

1   Voto proferido no MS 21.239–DF. *RTJ* 147/161.

fisionomia institucional; conferiram-se-lhe os meios necessários à consecução de sua destinação constitucional; atendeu-se, finalmente, a antiga reivindicação da própria sociedade civil". [2]

Nessa direção, tendo-se presente o *sujeito* em nome de quem a Instituição atua (a Sociedade brasileira) e o *modelo de Estado* a que serve (Estado Democrático de Direito), é-nos facultado reconhecer – como já o fez o Ministro do Supremo Tribunal Federal Sepúlveda Pertence – que o Ministério Público da Constituição de 1988 lança-se ao exercício de uma *magistratura ativa na defesa da ordem jurídico-democrática*.[3] Afigura-se-nos seja esse o novo paradigma (o contexto político-constitucional emergente do Estado Democrático de Direito) dentro do qual o Ministério Público deve ser perspectivado.

Também sob o *aspecto normativo*, toda análise que se faça em torno da atuação do Ministério Público não pode divorciar-se dessa *ratio* estrutural de base constitucional, a qual se prolonga, nada obstante, e por determinação da própria Constituição, ao plano da legislação complementar. Assim o diz, expressamente, seu art. 128, § 5º, ao assentar

---

2 *Idem.*
3 Depreende-se de seu voto proferido no MS 21.239-DF: *"O Ministério Público da União, em particular, desvinculado do seu compromisso original com a defesa judicial do Erário e a defesa dos atos governamentais, que o prendiam necessariamente aos laços de confiança do Executivo, está agora cercado de contrafortes de independência e autonomia, que o credenciam ao efetivo desempenho de uma magistratura ativa de defesa impessoal da ordem jurídica democrática, dos direitos coletivos e dos direitos da cidadania".* RTJ 147/129-130.

que leis complementares da União e dos Estados estabelecerão "*a organização, as atribuições e o estatuto de cada Ministério Público*".

Em atenção ao referido dispositivo constitucional, e a bem conformá-lo, adveio, no plano federal, em 20 de maio de 1993, a Lei Complementar 75 (Estatuto do Ministério Público da União). No âmbito dos Ministérios Públicos dos Estados, vinculamo-nos à Lei Federal 8.625, de 12 de fevereiro de 1993 (Lei Orgânica Nacional do Ministério Público), bem como às respectivas leis complementares estaduais.

Todavia, em manifesto descompasso ao viés expansivo que assume, desde o advento da nova ordem jurídico-constitucional, o atuar institucional do Ministério Público, passado mais de um decênio de vigência da Lei Complementar 75/93 e da Lei Federal 8.625/93, alguns de seus dispositivos persistem a ter sua normatividade desafiada pela doutrina e/ou pela jurisprudência, especialmente acerca de seus reais alcance e sentido. Referimo-nos, mais diretamente, ao artigo 8º da Lei Complementar 75/93 e ao art. 26 da Lei 8.625/93, os quais, dentre outros, encarnam os *poderes investigatórios* do Ministério Público, a saber:

> **Lei Complementar 75/93. Art. 8º.** Para o exercício de suas atribuições, o Ministério Público da União poderá, *nos procedimentos de sua competência*:
> I – notificar testemunhas e requisitar sua condução coercitiva, no caso de ausência injustificada;
> II – requisitar informações, exames, perícias e documentos de autoridades da Administração Pública direta ou indireta;
> III – requisitar da Administração Pública serviços temporários de seus servidores e meios materiais necessários para a realização de atividades específicas;
> IV – requisitar informações e documentos a entidades privadas;

V – *realizar* inspeções e *diligências investigatórias;*
VI – ter livre acesso a qualquer local público ou privado, respeitadas as normas constitucionais pertinentes à inviolabilidade do domicílio;
VII – expedir notificações e intimações necessárias aos procedimentos e inquéritos que instaurar;
VIII – ter acesso incondicional a qualquer banco de dados de caráter público ou relativo a serviço de relevância pública;
IX – requisitar o auxílio de força policial".

Lei 8.625/93.[4] Art. 26. No exercício de suas funções, o Ministério Público poderá:
I – instaurar inquéritos *civis e outras medidas e procedimentos administrativos pertinentes* e, para instruí-los:
a) expedir notificações para colher depoimento ou esclarecimentos e, em caso de não comparecimento injustificado, requisitar condução coercitiva, inclusive pela Polícia Civil ou Militar, ressalvadas as prerrogativas previstas em lei;
b) requisitar informações, exames periciais e documentos de autoridades federais, estaduais e municipais, bem como dos órgãos e entidades da administração direta, indireta ou fundacional, de qualquer dos Poderes da União, dos Estados, do Distrito Federal e dos Municípios;
c) *promover* inspeções e *diligências investigatórias* junto às autoridades, órgãos e entidades a que se refere a alínea anterior;

A validade material da referida legislação, no que detalha os mecanismos de atuação institucional, conferindo-lhe os poderes investigatórios ali apontados, é diretamente aferível a partir da *cláusula de abertura* inscrita no art. 129, inciso IX, da Constituição, no que faculta ao legislador atribuir

---

4   A Lei 8.625/93 igualmente estabelece que *"aplicam-se aos Ministérios Públicos dos Estados, subsidiariamente, as normas da Lei Orgânica do Ministério Público da União"* (art. 80).

ao Ministério Público "*outras funções que lhe forem conferidas, desde que compatíveis com sua finalidade*".

Nada obstante, a amplitude dessa atribuição ministerial, especificamente no que respeita à sua projeção sobre a investigação criminal, foi colocada em xeque em decisão da Segunda Turma do Supremo Tribunal Federal, refletida no julgamento do RHC 81.326-DF. É sobre esse tema que pretendemos desenvolver as seguintes reflexões, as quais demandam, como vimos de referir, uma necessária *contextualização ambiental* em face dos modelos de Estado, Direito e Constituição ao qual nos vinculamos.

1.2. A assunção constitucional do modelo de Estado Democrático de Direito: projeções sobre a operacionalização do Direito Penal

1.2.1. Estado Democrático de Direito e Justiça Constitucional: o fortalecimento político-institucional do Ministério Público e do Poder Judiciário

A temática que estamos a enfrentar exige, para seu exato dimensionamento, uma prévia compreensão acerca do perfil que assume o Estado nesta quadra da história, merecendo destaque a verdadeira revolução copernicana (Jorge Miranda) havida no plano do constitucionalismo – e por conseguinte no papel do Estado – a partir do segundo pós-guerra.

O modelo de Estado Democrático de Direito (ou Estado Constitucional de Direito) redimensionou a influência do direito constitucional sobre as instituições contemporâneas. Funcionalmente, apresenta-se como um *plus* normativo em relação às fases estatais anteriores (Estado Liberal e Estado Social). Assim, se no liberalismo o Estado ostentava uma função reduzida (eminentemente absenteísta), competindo ao Direito a subsidiária função ordenadora, no Estado Social – que surge da crise do modelo liberal – o Direito passaria a ter uma função promovedora, contando, para isso, com um Estado de perfil intervencionista. Todavia, o paradigma do Estado Democrático de Direito, que comparece em superação aos modelos de Estado (e de Direito) anteriores, tem como insuficiente a simples modificação do papel absenteísta do Estado Liberal pelo intervencionismo que caracterizaria a fase do Estado Social. O grande salto paradigmático reside exatamente na eleição dos dois pilares que sustentam o Estado Democrático de Direito: o respeito à democracia e aos direitos fundamentais-sociais.[5]

No marco do Estado Democrático de Direito, às funções ordenadora e promovedora do Direito, próprias das fases do Estado Liberal e Social, respectivamente, agrega-se a função de potencial transformação social. A bem compreendermos esse câmbio de paradigma, torna-se imperioso verificarmos como se alteram, paulatinamente, os papéis institucionais dos poderes de Estado. Atente-se: se no Estado Liberal observávamos, na relação Estado-Poder-Sociedade, uma nítida proeminência do Poder Legislativo (do "império da lei"), e no Estado Social verificávamos uma forte influência do Poder Executivo em face da necessidade de implementação das políticas públicas – o que acarretava um perfil autoritário a essa forma de Estado –, no Estado Democrático de Direito

---

5 Cf. STRECK, *Jurisdição Constitucional e Hermenêutica – Uma Nova Crítica do Direito*. 2ª ed., revista e ampliada. Rio de Janeiro: Forense, 2003. Neste estudo, é originalmente apresentada a Teoria da Constituição Adequada a Países de Modernidade Tardia, e suas implicações no contexto político-normativo brasileiro.

verifica-se uma nítida migração dessa esfera de tensão, a culminar com seu deslocamento em direção ao Poder Judiciário (ou Tribunal Constitucional, a depender do regime), abrindo campo àquilo que hoje se entende por justiça constitucional.[6]

Nesse contexto, a Constituição passa a figurar como remédio contra maiorias eventuais. Fortalecem-se Ministério Público e Poder Judiciário.[7] *No limite*, políticas públicas arbitrariamente não implementadas pelos Poderes Legislativo e Executivo passam a ser exigíveis perante o Poder Judiciário por intermédio de ações de índole prestacional. Nesse sentido, *a principal instituição eleita pelo poder constituinte para, em defesa da cidadania, buscar essa intervenção da justiça constitucional é o Ministério Público*, enquanto lhe incumbe a defesa do regime democrático e dos interesses sociais e individuais indisponíveis (art. 127 da CRFB).

---

6   Tal problemática aparece mais claramente no papel (intervencionista) desempenhado pelos Tribunais Constitucionais de países como Alemanha, Itália, Portugal e Espanha, mormente em seus primeiros anos de funcionamento.

7   Essa tendência de fortalecimento do Ministério Público permanece hígida no campo das relações internacionais. Veja-se, a propósito, a conclusão do IX Congresso das Nações Unidas sobre Prevenção do Crime (Cairo, 1995), no que "recomenda aos Estados membros que considerem a possibilidade de reforçar a função do Ministério Público, dotando-a de autonomia". Na senda dessa resolução, o Presidente da República francesa, M. Chirac, nomeou, em 1997, uma comissão de reflexão sobre a justiça, na qual pedia para que fossem observadas as modalidades e conseqüências de uma "situação nova", na qual o Ministério Público não estaria subordinado ao Ministério da Justiça nem mesmo hierarquizado. Ver DI FEDERICO, Giuseppe. "La Independencia del Ministerio Fiscal y el Principio Democrático de la Responsabilidad en Italia: análisis de un caso anómalo desde una perspectiva comparada". *Revista del Poder Judicial*, nº 48, Madrid, 1997, p. 19.

1.2.2. Estado Democrático de Direito e Direito Penal: bases para um enfoque constitucionalista do Direito Penal

Passados quinze anos desde a promulgação da Constituição, não há indicativos de que tenhamos avançado no sentido da superação da crise por que passa o Direito Penal e, conseqüentemente, a teoria do bem jurídico. Persistimos atrelados a um paradigma penal de nítida feição liberal-individualista, isto é, preparados historicamente para o enfrentamento dos conflitos de índole interindividual; não engendramos, ainda, as condições necessárias para o enfrentamento dos conflitos (delitos) de feição transindividual, os quais compõem majoritariamente o cenário desta fase de desenvolvimento da Sociedade brasileira. Basta-nos, para tanto, verificar a ineficácia do *establishment* jurídico-penal na prevenção – e mesmo no combate – aos cognominados crimes do "colarinho-branco".[8]

---

8 Tome-se como exemplo alguns dados ilustrativos – os quais, a propósito, foram obtidos a partir de investigação levada a efeito pelo Ministério Público Federal de forma associada à Secretaria da Receita Federal – que bem demonstram a magnitude da lesão patrocinada por essa forma "asséptica" de delinqüência, que rigorosamente não se demonstra presente, de forma significativa, nas estatísticas criminais: "A Secretaria da Receita Federal diagnosticou que, no ano de 1998, 11,7 milhões de pessoas e 464.363 empresas não declararam imposto de renda. Todavia, tiveram capacidade financeira suficiente para movimentar nas instituições financeiras (bancos) 341,6 bilhões de reais, valor esse que escapou integralmente ao fisco. Naquele exercício (1998), o Produto Interno Bruto brasileiro, índice que registra toda a produção de bens e serviços do País e representa, em termos monetários, o porte da economia nacional, alcançou o patamar de R$ 899,8 bilhões. Em face desses dados, o Ministério Público Federal no Rio Grande do Sul, atuando em paralelo à Receita Federal, procedeu a uma minuciosa investigação, por meio da qual houve por identificar, a partir de lançamen-

Há, nitidamente, uma crise que envolve a concepção de bem jurídico em pleno Estado Democrático de Direito.[9]

tos efetuados nas contas correntes a título de Contribuição Provisória de Movimentação Financeira (CPMF) verificados no ano de 1998, que naquele período transitaram pelas contas correntes de apenas 15 (quinze) pessoas físicas o montante astronômico de R$ 10.300.000.000,00 (dez bilhões e trezentos milhões de reais), *sem que R$ 1,00 (um real) tenha sido recolhido aos cofres públicos.* Outras 84 pessoas jurídicas, insolitamente inscritas dentre as categorias "ISENTAS", "OMISSAS", "INATIVAS" e optantes pelo sistema "SIMPLES" de tributação, revelaram uma também absurdamente incompatível movimentação financeira de R$ 15.000.000.000,00 (quinze bilhões de reais). Cf. FELDENS, Luciano. *Tutela Penal de Interesses Difusos e Crimes do Colarinho Branco.* Porto Alegre: Livraria do Advogado, 2002, pp. 143-144.

9   Tal e como já anotamos em doutrina, observe-se a incompatibilidade lógica e a diferença de tratamento legislativo entre a criminalidade dita *comum* (também chamada criminalidade *de rua,* ofensiva a bens individuais, notadamente o patrimônio) e a criminalidade que atenta contra os interesses coletivos e difusos. Na hierarquia estrutural do sistema de tipos e sanções penais que corporifica nosso Código Penal, se "a" e "b" (ou Caio e Tício, para prestar vassalagem aos manuais) trombarem contra a vítima "c" (Mévio, certamente), tomando-lhe alguns trocados (art. 157, § 2°, II, do CP), receberão uma pena mínima (5 anos e 4 meses de reclusão) equivalente ao dobro daquela que seria cabível para a mais estrondosa das sonegações fiscais (2 anos e 8 meses de reclusão, a teor do art. 1° da Lei n° 8.137/90, com a majorante do art. 12, I, da mesma lei). Outras incongruências igualmente claras existem às escâncaras em nosso Código Penal e na legislação extravagante. É conhecido o exemplo do latrocínio (art. 157, § 3°, do CP: pena de 20 a 30 anos) – em que já se reconheceu que a morte pode ser culposa e a subtração simplesmente tentada (neste particular, o verbete 610 da Súmula do STF) – e sua relação com o homicídio (art. 121, *caput*: pena de 6 a 20 anos; e § 2°, pena de 12 a 30 anos). Assim também, se o agente

Urge, pois, um redimensionamento na hierarquia dos bens jurídicos como forma de adaptá-los à sua dignidade constitucional.[10]

Verifica-se, no particular, uma grave controvérsia acerca da extensão e das funções desse conceito (bem jurídico) a partir do dissenso surgido entre a postura dos penalistas liberais, que defendem uma função limitadora do conceito, e aqueles de orientação comunitarista-garantista, cuja posição

> guarda consigo uma cédula de 10 reais "falsa", o delito é apenado com uma sanção de 3 a 12 anos de reclusão (art. 289, § 1º, do CP), mas se "falsa" for a informação que o sonegador presta à Receita Federal com o fim de eximir-se do pagamento de tributo, a pena cominada é seis vezes inferior: 6 meses a 2 anos de detenção (art. 2º, I, da Lei 8.137/90). Isso sem falar nas benesses legais edificadas exclusivamente em prol da criminalidade do "colarinho-branco", tais o art. 34 da Lei 9.249/95, o dispositivo da Lei do REFIS que lhes permite o eterno "parcelamento do débito" e a correlata suspensão da ação penal. Cf. FELDENS, Luciano, *Tutela Penal*, cit., pp. 57-59.

10 Sobre o tema: FELDENS, Luciano, *A Constituição Penal – A Dupla Face da Proporcionalidade no Controle de Normas Penais*, Porto Alegre: Livraria do Advogado, 2005. Nesse tom, sustentando, com apoio em Figueiredo Dias, que "seria inconstitucional criar uma ordem de bens jurídico-penais de forma a inverter a ordem de valores constitucional": CUNHA, Maria da Conceição Ferreira da. *Constituição e Crime: Uma Perspectiva da Criminalização e da Descriminalização*. Porto: Universidade Católica Portuguesa, 1995. Recente trabalho, problematizando a relação existente entre a Constituição e as demais disciplinas jurídicas, incluído o Direito Penal: BARROSO, Luís Roberto, "Neoconstitucionalismo e Constitucionalização do Direito (O Triunfo Tardio do Direito Constitucional no Brasil)", *Revista Interesse Público*, ano 7, nº 33, set./out. de 2005, Porto Alegre: Notadez, pp. 13-54.

quanto à funcionalidade dessa instituição jurídica assenta-se em uma concepção organizativa, interventiva e atenta à realidade social. Essa contenda não foi ainda suficientemente percebida e apreendida pelo conceito dogmático de bem jurídico, *e este conflito acarreta uma confusão quanto aos bens que devem prevalecer numa escala hierárquica axiológica, para fins de serem relevantes penalmente e, portanto, merecedores de tutela dessa natureza.*[11]

A transferência dessa – ainda não resolvida – controvérsia para as práticas legislativas e judiciais faz com surjam leis (*v.g.*, Lei 10.259/01)[12] nas quais bens jurídicos que claramen-

---

11 Nesse sentido: STRECK, Lenio Luiz; COPETTI, André, "O direito penal e os influxos legislativos pós-Constituição de 1988: um modelo normativo e eclético consolidado ou em fase de transição?", *Anuário do Programa de Pós-Graduação em Direito da Unisinos*. São Leopoldo: Unisinos, 2003, p. 255 e ss.

12 Nesse sentido: STRECK, Lenio Luiz. "Juizados Especiais Criminais à Luz da Jurisdição Constitucional. A filtragem hermenêutica a partir da aplicação da técnica da nulidade parcial sem redução de texto". *Caderno Jurídico*. Ano 2, v. 2, n° 5, out./2002. São Paulo: Escola Superior do Ministério Público, 2002, onde resta assentado que à referida legislação (Lei 10.259/01) deve-se aplicar a técnica da nulidade parcial sem redução de texto (*Teilnichtigerklärung ohne Normtext Reduzierung*), única forma de adequá-la à teoria constitucional do bem jurídico. Com efeito, o legislador não poderia ter tratado isonomicamente delitos discrepantes entre si, como o patrimônio individual, o patrimônio público, o patrimônio social (direitos de segunda geração), o meio-ambiente (direitos de terceira geração), a moralidade pública, a honra, etc. Isto para dizer o mínimo! O mecanismo da nulidade parcial sem redução de texto pode solucionar/expungir algumas (flagrantes) inconstitucionalidades incrustadas na citada Lei, que, entre outras coisas, aumentou o limite de 1 (um) para 2 (dois) anos das penas das infrações passíveis de serem julgadas pelos Juizados Especiais Criminais (agora incluí-

te traduzem interesses de grandes camadas sociais são *rebaixados axiologicamente* e equiparados a outros bens de relevância estritamente individual, questão essa que se demonstra sutilmente presente na legislação que trata dos crimes de sonegação fiscal, como é possível perceber até mesmo na Lei 10.684/03, sancionada já no governo Luiz Inácio Lula da Silva.[13]

---

dos também os Juizados Federais). O legislador ordinário, ao estabelecer que *qualquer infração cuja pena máxima não ultrapasse 02 (dois) anos é uma infração de menor potencial ofensivo, sem exigir qualquer outro requisito de ordem objetiva ou subjetiva, violou, frontal e escandalosamente, preceitos fundamentais e a principiologia do Estado Democrático de Direito previsto na Constituição. Não se está a dizer que todo o parágrafo único do art. 2º da Lei 10.259/01 é inconstitucional*, até porque algumas infrações, de fato, mesmo que suas penas máximas chegam ao limite de dois anos, corretamente devem estar sob a égide dos Juizados Especiais Criminais. Contesta-se apenas *a inclusão de determinados delitos que, nem de longe, poderiam ser epitetados como "de menor potencial ofensivo"*. Desse modo, em tais circunstâncias, ao se aplicar a técnica da nulidade parcial sem redução de texto, o dispositivo permanece vigente, *sendo sua interpretação condicionada a uma releitura constitucional*.

---

13 Dispõe essa legislação: "Art. 9º. É suspensa a pretensão punitiva do Estado, referente aos crimes previstos nos arts. 1º e 2º da Lei nº 8.137, de 27 de dezembro de 1990, e nos arts. 168-A e 337-A do Decreto-Lei nº 2.848, de 7 de dezembro de 1940 – Código Penal, durante o período em que a pessoa jurídica relacionada com o agente dos aludidos crimes estiver incluída no regime de parcelamento. (...) § 2º – Extingue-se a punibilidade dos crimes referidos neste artigo quando a pessoa jurídica relacionada com o agente efetuar o pagamento integral dos débitos oriundos de tributos e contribuições sociais, inclusive acessórios". Veja-se que inexiste semelhante favor legal aos agentes acusados da prática dos delitos do arts. 155, 168, *caput*, e 171, do Código Penal, igualmente crimes de feição patrimonial não diretamente violentos.

Desde o prisma de um Estado Social e Democrático de Direito, como o insculpido no texto constitucional brasileiro, não é ocioso situar os bens merecedores de tutela no terreno do social, uma vez que, diagnosticada sua primazia constitucional, apresentam-se como condições qualificadas de funcionamento e amálgama da Sociedade.[14] Necessariamente, essa consideração haverá de projetar reflexos na delimitação conceitual do bem jurídico penal.

O que tem ocorrido de concreto nesse aspecto e, conseqüentemente, dado margem ao aquecimento do debate entre penalistas liberais e comunitaristas, é que estes buscam introjetar, na concepção de bem jurídico penal, a idéia de que uma série de valores constitucionais de feição coletiva necessitam de proteção penal, enquanto aqueles, ainda presos às matrizes penais iluministas, resistem a tanto, obstaculizando a extensão da função de proteção penal aos bens de interesse da comunidade, ao argumento de que tal concepção implicaria uma "indesejada antecipação das barreiras do Direito Penal". Continuam, pois, a pensar o Direito a partir da idéia segundo a qual haveria uma contradição insolúvel entre Estado e Sociedade ou entre Estado e indivíduo. Para eles, o Estado é necessariamente mau, opressor, e o Direito Penal teria a função de "proteger" o indivíduo dessa opressão. Por isso, boa parte dos penalistas – que aqui denominamos de liberais-iluminis-

---

14 Sobre a relação "Estado (Democrático de Direito) – Constituição – Direito Penal": FELDENS, Luciano, *A Constituição Penal – A Dupla Face da Proporcionalidade no Controle de Normas Penais*, Porto Alegre: Livraria do Advogado, 2005; STRECK, Lenio Luiz, *Tribunal do Júri – Símbolos e Rituais*. 4ª ed. Porto Alegre: Livraria do Advogado, 2001.

tas[15] –, em pleno século XXI e sob os auspícios do Estado Democrático de Direito – no interior do qual o Estado e o Direito assumem (um)a função transformadora – continuam a falar na mítica figura do *Leviatã*, repristinando – para nós de forma equivocada – a dicotomia Estado-Sociedade. Ampliar a perspectiva do Direito Penal da Constituição na perspectiva de uma *política integral de proteção dos direitos* – refere-nos Alessandro Baratta – *significa también definir el garantismo no solamente en sentido negativo como limite del sistema punitivo, o sea, como expresión de los derechos de protección respecto del Estado, sino como garantismo positivo*. Tal significa – conclui o autor – *la respuesta a las necesidades de seguridad de todos los derechos, también de los de prestación por parte del Estado (derechos económicos, sociales e culturales) y no sólo de aquella parte de*

---

15 Entre nós, mister referência ao magistério de Cezar Roberto Bitencourt. A despeito de ter-se notabilizado ao doutrinar sobre a falência da pena de prisão, Bitencourt parece abrir, no tocante à delinqüência econômica, uma justificada exceção, no diapasão da doutrina internacional. Vejamos: *"Para a proteção da chamada 'ordem econômica estrita' – assim entendida aquela dirigida ou fiscalizada diretamente pelo Estado – foram criados os crimes fiscais, crimes monetários, crimes de contrabando, crimes de concorrência desleal, os chamados crimes falimentares. Mais recentemente, surgiram novas figuras delitivas como, por exemplo, grandes estelionatos, falsidades ideológicas, crimes contra as relações de consumo, monopólios irregulares, os escândalos financeiros e mesmo as grandes falências, com prejuízos incalculáveis. É inegável que para a prevenção e repressão de infrações dessa natureza se justifica a utilização de graves sanções, inclusive privativas de liberdade"*. Cf. BITENCOURT, Cezar Roberto, "Princípios Garantistas e a Delinqüência do Colarinho Branco", *Revista Brasileira de Ciências Criminais*, a. 3, v. 11, São Paulo, 1995, p. 126.

ellos, que podríamos denominar derechos de prestación de protección, en particular contra agresiones provenientes de comportamientos delictivos de determinadas personas.[16]

Também nesse particular vale referência à lúcida asserção que fazem Marinucci e Dolcini, segundo a qual o argumento decorrente das versões minimalistas do Direito Penal que tendem a afastá-lo da proteção a bens jurídicos coletivos, porquanto não se tratariam de bens jurídicos como tais – isso porque, em termos criminológicos, sua ofensa não teria vítimas de carne e osso –, é uma *tesis, sin embargo, totalmente infundada*. Pela primazia da argumentação, e íntima relação com o que aqui vimos sustentando, permitimo-nos a larga citação em continuação:

> *"En cuanto al argumento dogmático de quienes niegan dignidad de bien jurídico a los bienes supraindividuales, bastará recordar la clásica definición – liberal – de bien jurídico, como una situación de hecho impregnada de valoración que puede ser modificada, y que por tal razón, debiera ser protegida contra tales modificaciones. Conforme a este criterio, entidades ofendibles, y por tanto, protegibles con el instrumento de la pena, no son sólo clásicos bienes individuales, sino también colectivos, como la integridad del territorio del Estado, el ejercicio de las funciones propias de los órganos constitucionales, el ejercicio de las funciones de con-*

---

16 Cf. BARATTA, Alessandro. "La Política Criminal y el Derecho Penal de la Constitución: Nuevas Reflexiones Sobre el Modelo Integrado de las Ciencias Penales". *Revista de la Facultad de Derecho de la Universidad de Granada*, nº 2., 1999, p. 110.

trol de los órganos de gobierno de la economía, la confianza de los ahorradores en la veracidad de los balances societarios, la pureza del aguar, del aire, etc. No debe olvidarse que el Derecho penal liberal – evocado por quienes añoran un pasado que nunca existió – no se ha circunscrito a la tutela de los bienes individuales, sino que siempre ha protegido una gama más o menos amplia de bienes colectivos. Aquello que caracteriza al Derecho penal contemporáneo es sólo una creciente atención a los bienes colectivos, fruto no de una visión panpenalista de control social por parte de la doctrina y del legislador, sino que de las transformaciones económico-institucionales, que han hecho emerger nuevas entidades merecedoras y necesitadas de pena, o que han acrecentado la importancia de los bienes colectivos clásicos. Aun más débil es, por otra parte, la intención de deslegitimar la protección penal de los bienes colectivos haciendo hincapié en el argumento criminológico que ve a los delitos que atentan a aquellos bienes como 'delictos sin víctimas'. Según Hassemer, así sucedería en los delitos contra la economía y contra el medio ambiente. Se trata, por el contrario, de delitos caracterizados por una victimización de masa: directa o indirectamente ofenden círculos amplios, y a menudo vastísimos, de personas. En la esfera de la criminalidad económica, bancarrotas fraudulentas, falsas comunicaciones sociales que comprenden empresas de grandes dimensiones afectan el patrimonio de millares de ahorradores. En cuanto a la criminalidad ambiental, las agresiones grandes o pequeñas a la integridad del aire, del agua, del suelo, etc., minan las condiciones mismas de la supervivencia, física y económica, de grupos más o menos amplios de personas de todo el género humano."[17]

Nesse mesmo sentido é a percuciente colocação de Carbonell Mateu, para quem, se por um lado o Direito Penal vê-se contingenciado pelo princípio da intervenção mínima, por outro, não há renunciar-se ao Direito Penal nas zonas onde sua atuação é necessária. Em síntese: se o princípio da intervenção mínima contrapõe-se à denominada *huida al Derecho Penal*, tampouco a *huida del Derecho Penal* revela-se como solução, não se mostrando aceitável a afirmação de que o Direito Penal não pode ou não deve intervir onde não exista um bem jurídico individual e clássico. Nessa linha, não devemos olvidar a obrigação do Estado em remover os obstáculos para que *la libertad y la igualdad sean efectivas, ni que, en ocasiones, la restricción de ciertas libertades redunda en benefício de las libertades de los demás.*[18]

Não se vislumbra, pois, qualquer contradição entre as bases dogmáticas que fundamentam o Direito Penal e a proteção de novos bens jurídicos, de feição transindividual. Aliás, caberia advertir sobre o oposto. Considerando que essa nova forma de criminalidade tem na sujeição ativa da relação jurídica uma *classe social* sabidamente mais elevada do que aquela que costumeiramente ocupa o banco dos réus, ilegítimo seria

---

17 Cf. MARINUCCI, Giorgio; DOLCINI, Emilio, "Derecho Penal 'Mínimo' y Nuevas Formas de Criminalidad". *Revista de Derecho Penal y Criminología*, 2ª época, nº 9, 2002, pp. 160-161.

18 Cf. CARBONELL MATEU, Juan Carlos, *Derecho Penal: Concepto y Princípios Constitucionales*. 3ª ed. Valencia: Tirant lo Blanch Alternativa, 1999, p. 203.

imunizá-la ao Direito Penal, como que estabelecendo uma espécie de "Direito penal do autor às avessas".

Como alertam, enfim, Marinucci e Dolcini, deve-se evitar o "rosto incômodo do Direito Penal mínimo", notadamente quando opera, em hipótese que tais, sob o epíteto "menos intervenção do Estado", o qual *"parece dirigirse a la impunidad de la 'gente honorable', de los 'delincuentes de guantes amarillos' o, como se dice a partir de los años sesenta, de la 'criminalidad de cuello blanco'"*, sendo que *"los trazos de este rosto se precisam cuando se pasa a considerar los instrumentos de control de la criminalidad económica propuestos por los teóricos del Derecho Penal 'mínimo'"*.[19]

Há se observar, ainda nesse ínterim, que já foi o tempo em que as Constituições previam, como elemento essencial de desfrute da liberdade pessoal, a defesa da propriedade privada, critério esse que historicamente justificou a criminalização de delitos como o furto, porque atentatórios a esse bem de consagração constitucional.[20]

Como rememora Schünemann, o Direito Penal estatal originou-se como instrumento específico contra a criminalidade dos pobres, mantendo-se assim durante toda a Ilustração, ainda que com a paulatina eliminação das sanções mais

---

19 Cf. MARINUCCI e DOLCINI, cit., p. 161.
20 Rememoremos, aqui, a título de exemplo, a Declaração de Virgínia (1776), que dispunha em seu art. 1º que "todos os *homens* são por natureza livres e independentes e *possuem certos direitos inerentes*, os quais, quando entram em um estado de sociedade, não podem deles privar-se em virtude de qualquer pacto, a saber: o gozo da vida e da liberdade, junto com os *meios de aquisição e manutenção da propriedade*, assim como a busca e logro da felicidade e da segurança".

drásticas (tortura e queima de hereges). A proteção da propriedade privada figurava como o ponto central do Direito Penal, fazendo com que a clientela da justiça criminal se fizesse tradicionalmente representada pela classe baixa,[21] circunstância essa, aliás, que perdura até os dias atuais.

A questão a ser analisada, portanto, é se devemos continuar a operar, no limiar do século XXI, com estruturas valorativas típicas do início do século XVIII ou se devemos, a partir da identificação de novos valores gerados em face das novas necessidades (individuais e sociais), estender a proteção a outras categorias hoje constitucionalmente reconhecidas, *depositando na Constituição um papel decisivo nesse sentido.* [22]

Na linha do que assevera Donini, um enfoque constitucionalista do Direito Penal não supõe, unicamente, que o Direito Penal não possa estar em contradição com a Constituição. Mais que um limite, deveremos entender a Constituição como fundamento da pena e do Direito Penal,[23] verifi-

---

21 Cf. SCHÜNEMANN, Bernd. *Temas Actuales y Permanentes del Derecho Penal Después del Milenio*, Madrid: Tecnos, 2002, pp. 53-54.

22 Nesse contexto insere-se a doutrina de Vives Antón, para quem o poder punitivo do Estado é exercido para lograr certos objetivos que dependem da estrutura e dos fins que a comunidade política se atribua, sempre com sujeição a certas limitações de forma e conteúdo. Daí resulta que a Constituição, direta ou indiretamente, fixa tais objetivos e limitações, de sorte que uma alteração constitucional profunda não pode deixar de repercutir no Direito Penal. Cf. VIVES ANTÓN, Tomás S. *La Libertad como Pretexto*. Valencia: Tirant lo Blanch, 1995, p. 91.

23 Cf. DONINI, Massimo. "Un Derecho Penal Fundado en la Carta Constitucional: Razones y Límites. La Experiencia Italiana". *Revista Penal*, nº 8, 2001, pp. 24-25.

cando hipóteses em que a criminalização de determinadas condutas demonstra-se constitucionalmente requerida e, por conseguinte, até que ponto a despenalização seria constitucionalmente legítima.

Conforme expõe Bricola, *trata-se de verificar-se se não é possível, ou mesmo necessário, encontrar na Carta Constitucional uma espécie de "síntese a priori"*,[24] ou seja, "um modelo de intervenção penal que se imponha ao parlamento desde fora ou desde acima"; enfim, "um programa mais ou menos detalhado que vincule ao legislador tanto em respeito aos fins como aos instrumentos de tutela".[25]

A compatibilização do Direito Penal no ambiente constitucional em absoluto afasta-o das sólidas bases dogmáticas que o sustentam (notadamente, sua utilização como *extrema ratio*). Como afirma Bricola, tendo em vista a relevância da liberdade pessoal – valor sempre assentado com proeminência nas Constituições democráticas – pode-se hoje dizer, com maior consciência constitucional, que a sanção penal pode ser adotada somente na presença da violação de um bem que, ainda que não ostentando igual estatura ao bem sacrificado (liberdade pessoal), pelo menos esteja dotado de previsão constitucional.[26]

Impende-nos, pois, imergir integralmente o Direito Penal no ambiente constitucional, reconhecendo-lhe simetricamente, a partir desse *locus* político-normativo – ou seja, em face das implicações inerentes ao modelo de Estado Social e

---

24 Cf. BRICOLA, Franco. Teoria Generale del Reato. *Novíssimo Digesto Italiano*, XIX, Torinense, 1977, p. 24.
25 Cf. DONINI, Massimo, cit., pp. 24-25.
26 A doutrina espanhola, por alguns de seus expoentes, segue esse entendimento: Carbonell Mateu, cit., p. 36.

Democrático de Direito e dos valores constitucionalmente positivados, muito especialmente a partir da dignidade humana –, fontes e limites à sua operacionalização. Como sintetizado por Figueiredo Dias, "a correta determinação da função do Direito Penal só é possível no horizonte da concepção do Estado e do modelo valorativo jurídico-constitucional em que ela se traduz".[27] Este, o horizonte de sentido do Direito Penal; este, o enfoque constitucionalista do Direito Penal.

Essa é (deveria ser) a nossa cultura que a partir da Constituição de 1988 *solidificou-se* em termos normativos, e parece não haver mais qualquer dúvida de que o Direito Penal também deve servir de instrumento *interventivo, organizador* e *potencialmente transformador* da Sociedade. Afinal, não é demais repetir que o Direito e o Estado passaram por profundas transformações no decorrer dos séculos: *de um Direito meramente ordenador, próprio da tradição liberal-individualista, passamos para um Direito de feição promovedora e transformadora, produtos do surgimento da concepção de Estado Social e Democrático de Direito.*

Tais considerações, à evidência, acarretam compromissos e inexoráveis conseqüências no campo da formulação, interpretação e aplicação das leis. Para tanto, partimos da premissa – e não há nenhuma novidade em dizer isto – de que a Constituição de 1988 é dirigente e compromissária, apresentando uma direção vinculante para a Sociedade e para o Estado.[28] Logo, em assim sendo, continuamos a insistir (e

---

27 Cf. DIAS, Jorge Figueiredo. "Direito Penal e Estado-de-Direito Material". *Revista de Direito Penal e Criminologia*". Rio de Janeiro: Forense, v. 31, 1981, p. 43.

28 Ver, para tanto, STRECK, *Jurisdição Constitucional e Hermenêutica – Uma Nova Crítica do Direito.* 2ª ed., revista e ampliada. Rio de Janeiro: Forense, 2003, em especial capítulo 3, apontando para a construção de uma Teoria da Constituição Dirigente Ade-

acreditar) que *todas as normas da Constituição têm eficácia*, e as assim denominadas normas "programáticas" – como as que estabelecem a busca da igualdade, a redução da pobreza, a proteção da dignidade, etc. – *comandam a atividade do legislador* (inclusive e logicamente, do legislador penal), buscando alcançar o objetivo do constituinte. Esse comando

---

quada a Países de Modernidade Tardia, cujos fundamentos decorrem da necessidade de preenchimento do *déficit* resultante do histórico descumprimento das promessas da modernidade nos países periféricos. Fundamenta-se ela na idéia de um conteúdo compromissário mínimo a constar no texto constitucional, bem como nos correspondentes mecanismos de acesso à jurisdição constitucional e de participação democrática. Uma Teoria da Constituição Dirigente Adequada a Países de Modernidade Tardia deve tratar, assim, da construção das condições de possibilidade para o resgate das *promessas incumpridas da modernidade*, as quais, como se sabe, colocam em xeque os dois pilares que sustentam o próprio Estado Democrático de Direito. A idéia de uma Teoria da Constituição Dirigente Adequada a Países de Modernidade Tardia implica uma interligação com uma teoria do Estado, visando à construção de um espaço público, apto a implementar a Constituição em sua materialidade. Dito de outro modo, uma tal teoria da Constituição dirigente não prescinde da teoria do Estado, apta a explicitar as condições de possibilidade da implantação das políticas de desenvolvimento constantes – de forma dirigente e vinculativa – no texto da Constituição. É importante pontuar que tal teoria conforma-se manifestamente ao que se projeta a partir de uma estrutura normativa consistente no Estado Democrático de Direito, ou seja, uma forma civilizada e democrática de realização do bem estar de todos, rechaçando alternativas revolucionárias, distantes de qualquer paradigma de Estado de Direito. Neste sentido, parece evidente, assim, que, quando se fala em Constituição dirigente, não se está – e nem se poderia – sustentar um normativismo constitucional (revolucionário ou não) capaz de, por si só, operar transformações emancipatórias. O que permanece da noção de Constituição dirigente *é a vinculação do legislador aos ditames da materialidade da Constituição,* pela exata razão de que, nesse contexto, o Direito continua a ser um instrumento de implementação de políticas públicas.

(ordem de legislar) traz implícita – por exemplo, no campo do Direito Penal – a necessária hierarquização que deve ser feita na distribuição dos crimes e das penas. Dito de outro modo: *o estabelecimento de crimes e penas não pode ser um ato absolutamente discricionário, voluntarista ou produto de cabalas.*

O manejo do Direito Penal fica, portanto, subordinado – como não poderia deixar de ser – à materialidade da Constituição. *Criminalizações e descriminalizações devem estar umbilicalmente ligadas aos propósitos do núcleo político essencial da Constituição.* A lei penal não se reveste de qualquer imunidade em relação à Constituição, mesmo aquela que descriminaliza condutas. Registre-se, aqui, o conhecido acórdão do Tribunal Constitucional da Alemanha (*BverfGE 39, 1, 45*)[29] – e, na seqüência, do Tribunal Constitucional da Espanha (*STC 53/85*)[30] – que declarou inconstitucional legislação que descriminalizava, sob circunstâncias determinadas, o delito de aborto (impunidade do crime se ocorrido nos três primeiros meses de gravidez), sob a fundamentação de

---

29 À ocasião, decidiu o *Bundesverfassungsgericht* sobre a *obrigatoriedade de conferir-se proteção jurídico-penal à vida* intra-uterina sob determinados pressupostos, cabendo destaque para a seguinte passagem da sentença: "nos casos extremos, quando a proteção determinada pela Constituição não se consiga de nenhuma outra maneira, o legislador pode estar obrigado a recorrer ao Direito penal para proteger a vida em desenvolvimento" *(BverfG, Urteil v. 25.2.1975 – 1 BVF 1-6/74).*

30 Passado um decênio, similar caminho adotou o Tribunal Constitucional espanhol ao declarar inconstitucional projeto de lei orgânica que despenalizava o aborto sob determinadas circunstâncias, as quais foram consideradas como desconformes às exigências constitucionais que derivam do art. 15 da Constituição espanhola, resultando, daí, o vício de ilicitude constitucional (*STC 53/85*).

que o legislador não pode renunciar por completo à proteção mediante o Direito Penal.

Em outras palavras, não há liberdade absoluta de conformação legislativa nem mesmo em matéria penal, ainda que a lei venha a descriminalizar condutas consideradas ofensivas a bens fundamentais. Não há, pois, qualquer blindagem que "proteja" a norma penal do controle de constitucionalidade (entendido em sua profundidade, que engloba as modernas técnicas ligadas à hermenêutica, como a interpretação conforme, a nulidade parcial sem redução de texto, o apelo ao legislador, etc). Ou isto, ou teríamos que considerar intocável, por exemplo, um dispositivo legal que viesse a descriminalizar a corrupção, a lavagem de dinheiro, a sonegação fiscal, o estupro, etc., tudo em nome do princípio da legalidade, como se a vigência de um texto jurídico implicasse, automaticamente, a sua validade!

Agregue-se, a propósito, a magistral lição de Palazzo, para quem, "enquanto as indicações constitucionais de fundo (que atuam no sentido da descriminalização) são, ainda, expressão de um quadro constitucional característico do Estado Liberal de Direito, pressupondo, outrossim, uma implícita relação de "tensão" entre política criminal e Direito Penal, *as vertentes orientadas no sentido da criminalização traduzem a expressão de uma visão bem diversa do papel da Constituição no sistema penal:* as obrigações de tutela penal no confronto de determinados bens jurídicos, não infreqüentemente característicos do novo quadro de valores constitucionais e, seja como for, sempre de relevância constitucional, *contribuem para oferecer a imagem de um Estado empenhado e ativo (inclusive penalmente)* na persecução de maior número de metas propiciadoras de transformação social e da tutela de interesses de dimensões ultraindividual e coletivas, exaltando, continuadamente, *o papel instrumental do direito penal com respeito à política criminal,* ainda quando sob os auspícios – por assim dizer – da Constituição.[31]

Dito de outro modo, não há dúvida, pois, de que as baterias do Direito Penal do Estado Democrático de Direito devem ser direcionadas preferentemente para o combate dos crimes que impedem a realização dos objetivos constitucionais do Estado e *àqueles que protegem os direitos fundamentais e os delitos que protegem bens jurídicos inerentes ao exercício da autoridade do Estado, além da proteção da dignidade da pessoa, como os crimes de abuso de autoridade, sem falar nos bens jurídicos de índole transindividual.*

Nenhum campo do Direito está imune dessa vinculação constitucional. Conseqüentemente, na medida em que a Constituição figura como o *alfa* e o *omega* do sistema jurídico-social, ocorre uma sensível alteração no campo de conformação legislativa. Ou seja, a partir do paradigma instituído pelo novo constitucionalismo e a partir daquilo que o Estado Democrático de Direito representa na tradição jurídica, o legislador não mais detém a liberdade para legislar que tinha no paradigma liberal-iluminista. Nesse (novo) contexto, a teoria do bem jurídico, que sustenta a idéia de tipos penais no Direito Penal, igualmente passa a depender da materialidade da Constituição. Não pode restar qualquer dúvida no sentido de que o bem jurídico tem estrita relação com o todo constitu-

---

31 Cf. PALAZZO, Francesco C. *Valores Constitucionais e Direito Penal.* Trad. de Gerson Pereira dos Santos. Porto Alegre: Fabris, 1989, p. 103.

cional, representado pelos preceitos e princípios que encerram a noção de Estado Social e Democrático de Direito.[32]

---

[32] "Essa tímida operacionalização da Constituição como fonte do Direito Penal incriminador parece exteriorizar-se como fruto de uma certa despreocupação da dogmática jurídico-penal em deixar-se permear por dois importantes fenômenos (câmbios de paradigma) ocorridos no campo político-constitucional a partir da evolução das teorias jurídica e política verificada no século XX, quais sejam: a) o advento do Estado constitucional de Direito, com seus consectários lógicos, em superação ao modelo de Estado Legal de Direito, e b) a assunção, por determinados Estados (dentre eles, Espanha, Alemanha, Itália e Brasil), da fórmula do Estado Social e Democrático de Direito, em superação ao modelo de Estado liberal. Essa segunda modificação paradigmática reflete-se diretamente no panorama jurídico-político, uma vez que o modelo de Estado Social e Democrático de Direito evidencia *novas funções e novos valores* dos quais o Estado passa a ocupar-se. Sob a perspectiva funcional, realça-se a necessidade de proteção efetiva, mediante o estabelecimento de garantias, de determinadas objetividades jurídicas. (...) Tomando por pressuposto a missão precípua destinada ao Direito Penal, consistente na proteção de bens jurídicos, objetivamos trilhar um raciocínio, sob a perspectiva constitucionalista, que toma em conta dois fatores: a) a potencialidade da Constituição em servir como fonte ao estabelecimento de determinados ilícitos penais, seja impondo a criminalização de condutas, seja oferecendo pistas ao legislador penal para que transite em uma zona de elevada legitimidade punitiva; acaso afirmada positivamente tal proposição, importar-nos-ia investigar se estas matérias deveriam vir consagradas explicitamente na Constituição ou se poderíamos, a partir de uma constatação sistemática, admitir normas implícitas prestação normativa em matéria penal, e b) a possibilidade, resultante da assertiva anterior, de que os conhecidos limites à atividade legislativa em matéria penal não digam exclusivamente com matérias respeitantes à criminalização de condutas, senão que também poderão envolver um eventual e constitucionalmente indesejado processo de descriminalização, assim entendido um movimento legislativo que pretenda retirar, total ou parcialmente, a proteção penal conferida a determinado bem jurídico essencial, dotado de consagração constitucional". Cf. FELDENS, Luciano, "*Mandatos Constitucionales de Cri-*

No campo do Direito Penal, em face dos objetivos do Estado Democrático de Direito estabelecidos expressamente na Constituição (erradicação da pobreza, redução das desigualdades sociais e regionais, direito à saúde, proteção do meio ambiente, proteção integral à criança e ao adolescente, etc), os delitos que devem ser penalizados com (mais) rigor são exatamente aqueles que, de uma maneira ou outra, obstaculizam/dificultam/impedem a concretização dos objetivos do Estado Social e Democrático. Entendemos ser possível, assim, afirmar que os crimes de sonegação de tributos, lavagem de dinheiro e corrupção (para citar apenas alguns) *merecem do legislador um tratamento mais severo que os crimes que dizem respeito às relações meramente interindividuais* (desde que cometidos sem violência ou grave ameaça, é óbvio).

Não temos dúvidas em afirmar que existe uma obrigação de criminalizar que pode ser retirada da materialidade da Constituição, isso porque a fundamentação filosófico-política que lhe subjaz não pode ser restringida a um caráter meramente atomista.[33] Com efeito, é preciso destacar que os valores culturais positivados constitucionalmente formam

---

minalización". Inédito, 2003. Texto apresentado em Seminário de Direito Constitucional na Faculdade de Direito da Universidade de Valladolid/Espanha, em 19/06/2003.

---

33 Sobre o tema: STRECK, Lenio Luiz, "Bem Jurídico e Constituição: da proibição de excesso (übermssaverbot) à proibição de proteção deficiente (Untermassverbot)" – ou de como não há blindagem contra normas penais inconstitucionais", *Boletim da Faculdade de Direito de Coimbra*, vol. VXXX, Coimbra Editores, 2004, pp. 303-346. Também: FELDENS, Luciano, *A Constituição Penal – A Dupla Face da Proporcionalidade no Controle de Normas Penais*, Porto Alegre: Livraria do Advogado, 2005. Na obra, são traçados limites mínimos e máximos à

um conjunto moral e racional poliárquico, em que os direitos básicos de liberdade e a satisfação das necessidades fundamentais não podem compor um quadro de rivalização, como o que ora se constata no âmbito da teoria do bem jurídico de viés liberal e, conseqüentemente, de formulação e incidência da lei penal. É possível afirmar, com razoável firmeza, que há, nos processos de criminalização e descriminalização, uma necessidade de harmonização desses valores constitucionalizados, sem perder de vista a importância particularizada de cada um deles para a concretização de um pacto social que não privilegia de forma absoluta a autodeterminação dos indivíduos. Existe este espaço de autodeterminação, mas ele não pode ser considerado desde um enfoque libertarista ou liberalista, nos quais se considera que os indivíduos prescindem de um contexto social para desenvolver e exercer suas capacidades. A autodeterminação, noutro sentido, deve ser conceitualizada desde a consideração de que esta capacidade somente pode ser exercida em um tipo particular de sociedade, com um certo entorno social.[34]

Conseqüentemente, torna-se necessário que diferenciemos bens individuais de bens coletivos e sociais, para que se torne possível a adequada tutela dos mesmos por via de lei penal. *Isto implica a renúncia da neutralidade estatal libe-*

---

liberdade de configuração do legislador, isso a partir de uma prévia constatação sobre a tríplice relação que, para além de limitações formais, envolve o relacionamento axiológico-normativo compartido entre a Constituição e o Direito Penal: a) a Constituição como *limite material* do Direito Penal; b) a Constituição como *fonte valorativa* do Direito Pe-

---

34 Ver, a respeito, KYMLICKA, Will. *Filosofia Política Contemporânea. Una Introducción.* Barcelona: Ariel, 1995, p. 239 e ss.

ral, uma vez que *o Estado neutro não pode defender adequadamente o ambiente social necessário para a autodeterminação*. Apontando o pacto constituinte para o resgate das promessas da modernidade – insculpindo, para tanto, a idéia de Estado Social (e Democrático de Direito) no artigo 3º da Constituição – parece-nos evidente que esse núcleo essencial aponta para uma readequação do papel do Direito Penal a esse modelo constitucional, prestigiando-se uma tutela penal equilibrada de interesses individuais e sociais, do mesmo modo como constitucionalmente equilibrados estão os direitos dessa natureza. A tanto, Ministério Público e Poder Judiciário investem-se de *elevada responsabilidade político-institucional*, consubstanciada não apenas no exercício linear de suas respectivas missões de desencadeamento e processamento da jurisdição penal, mas, igualmente, na provocação e na execução da *jurisdição constitucional*, nas hipóteses de manifesta irrazoabilidade (desproporcionalidade) da atividade legislativa.[35]

1.3. O papel do Ministério Público no marco do Estado Democrático de Direito

Paradoxalmente, a grande transformação no papel do Ministério Público no paradigma do Estado Democrático de Direito verifica-se naquilo que foi a razão de seu surgimento. Com efeito, atuando como membrana do Poder Executivo, e

---

35 Sobre os limites à liberdade de configuração do legislador: FELDENS, Luciano, *A Constituição Penal – A Dupla Face da Proporcionalidade no Controle de Normas Penais*, Porto Alegre: Livraria do Advogado, 2005.

servindo-lhe orgânica e politicamente, não é desarrazoado afirmar-se que no plano da persecução penal a instituição do Ministério Público, em seu nascedouro, postou-se ao desempenho de uma função preponderantemente conectada à proteção dos interesses econômicos das camadas dominantes da Sociedade. Para tanto, basta-nos examinar sua trajetória institucional em *terrae brasilis*, onde, até 1988, não passava de um apêndice do Poder Executivo, propulsor de um Direito Penal de cunho liberal-individualista.[36]

Esse modelo, todavia, está esgotado. Agora alçado à condição análoga a de um poder de Estado, o Ministério Público figura, em face das responsabilidades que lhe foram acometidas, no epicentro dessa transformação do tradicional papel do Estado e do Direito. Os princípios e as funções institucionais que lhe dão vida afiguram-se consagrados em uma Constituição democrática, a qual, afastando-o do Poder Executivo, tornou-lhe, em uma consideração pragmática, *esperança social*. Tenha-se em mente, no particular, que no contexto em que está imersa a sociedade contemporânea, esperança social poderá significar esperança de democracia substancial, de redução das desigualdades sociais, enfim, esperança de justiça social ou, minimamente, esperança de real e efetiva defesa dos *interesses sociais*.[37]

É dizer, pois: de um Ministério Público protetor dos interesses individuais, na moldura de uma Sociedade libe-

---

36 Não se deve ignorar, de toda sorte, os avanços proporcionados pela Lei Complementar 40/82. Entretanto, sem parametricidade constitucional, muitos de seus dispositivos ficaram sem a devida implementação.

37 Cf. FELDENS, Luciano, *Tutela Penal de Interesses Difusos e Crimes do Colarinho Branco*, cit., especialmente Capítulo IV.

ral-individualista, salta-se para um novo Ministério Público que, sem abandonar a defesa dos interesses individuais indisponíveis, claramente deve(ria) assumir uma postura intervencionista em defesa do regime democrático e dos direitos fundamentais-sociais.

Defender o Estado Democrático de Direito nem de longe pode ser um conceito vazio; *o significado material desse novo paradigma de Estado é que deve nortear a atuação da instituição ministerial.* E qual é o desiderato do constituinte, ao assumir o paradigma (potencialmente transformador) do Estado Democrático de Direito? A resposta é facilmente encontrável no texto constitucional, desde que compreendido em sua materialidade.

O mesmo ambiente constitucional que erige o Estado Social como condição de possibilidade da realização das promessas incumpridas da modernidade no Brasil aponta para uma atuação do Ministério Público na proteção dos direitos fundamentais-sociais através de uma dupla intervenção:

a) *de um lado*, utilizando os remédios constitucionais, buscando, em todas as instâncias (políticas e jurídicas), a concretização de tais direitos (direito à saúde, educação, etc) sempre que arbitrariamente (irrazoavelmente) suprimidos do cidadão;

b) *de outro*, atuando, com legítima prioridade, no combate aos delitos que colocam em xeque os objetivos da República (construção de uma sociedade justa e solidária).[38]

---

[38] Veja-se não ser à toa que o art. 5º, I, "c", da Lei Complementar 75/93, dispõe, com inequívoca clareza, ser função institucional do Ministério Público "I – a defesa da ordem jurídica, do regime democrático, dos interesses sociais e dos interesses individuais indisponíveis, considerados, dentre outros, os seguintes fundamentos e princípios: (...) c) os objetivos fundamentais da República Federativa do Brasil".

Chegamos, agora, ao ponto de enlace entre o perfil jurídico-constitucional do Ministério Público, o modelo de Estado Social e Democrático de Direito e a conseqüente necessidade de prestigiar-se sua função investigatória: *essa atuação na seara criminal* – isso é fundamental – *implica a disponibilização, em favor do Ministério Público, de um aparato estrutural e funcional apto ao cumprimento do desiderato constitucional*. Nesse tom, ao tempo em que a Constituição eleva o Ministério Público a guardião da ordem democrática (art. 127 da CRFB), aparta-o organicamente do Poder Executivo e impõe-lhe a realização do controle externo da atividade policial (art. 129, VII, da CRFB). Tal modificação paradigmática, evidentemente, não pode ser tratada como retórica constitucional.

De pronto, qualquer análise perfunctória apontaria para o fato de que, *v.g.*, se o Ministério Público tem o poder-dever de controlar a atividade policial, não pode continuar a figurar como um mero repassador de provas elaboradas pela Polícia, esta sim, ainda dependente dos (des)mandos dos governos federal/estaduais. Ora, o texto constitucional ostenta força normativa. A Constituição não pode ser esvaziada por interpretações despistadoras. Daí a advertência de Alexy, que fala da justiciabilidade plena como um dos tesouros da Constituição, lembrando que "quem pretenda escrever na Constituição ideais políticos não justiciáveis, deve ser consciente do que está em jogo. Com uma só disposição da Constituição não controlável judicialmente abre-se o caminho para a perda de sua obrigatoriedade".[39]

---

39 Cf. ALEXY, Robert. "Los Derechos Fundamentales en el Estado Constitucional Democrático". In: CARBONELL, Miguel (Org.). *Neoconstitucionalimo(s)*. Madrid: Trotta, 2003, p. 33.

Dessa sorte, o sentido das novas funções do Ministério Público, a partir da revolução copernicana ocorrida no Estado e no Direito, deve ser sorvido diretamente do texto constitucional – entendido em sua mais completa materialidade – e da legislação que se lhe faz complementar. Urge, pois, uma filtragem constitucional de toda e qualquer legislação precedente que se verifique em situação de contraste à Constituição.

Portanto, desnecessário alertar para o fato de que o Código de Processo Penal somente pode ser aplicado àquilo que diz respeito às funções do Ministério Público a partir de uma detalhada análise de parametricidade constitucional. Não é demais lembrar que o Código de Processo Penal é fruto de um regime autoritário, no interior do qual, rememore-se, decisões concessivas de hábeas corpus necessitam (ainda) de recurso de ofício (*sic*).[40]

Se pretendemos, pois, teorizar sobre as graves funções institucionais acometidas ao Ministério Público, afigura-se-nos deva ser exatamente este o fio condutor a serpear aludida discussão: o contexto político-normativo, de densidade marcadamente constitucional, que circunda a Instituição, agora vocacionada à defesa do regime democrático e dos interesses coletivos e sociais que emergem da Constituição.[41]

---

40 Como já sustentado em sede doutrinária, tal previsão é frontalmente inconstitucional. Nesse sentido, ver STRECK, Lenio Luiz. *Tribunal do Júri,* cit.

41 Importa observar que essa relação de necessária conformação entre *Estado, Constituição e Direito Penal* parece seguir pouco prestigiada por setores dogmática processual penal em *terrae brasilis*. Exemplo disso é o livro do advogado e professor Rogério Lauria Tucci (Ministério Público e Investigação Criminal, São Paulo: Revista dos Tribunais, 2004), que, a par de tachar de "*inusitado*" o fato de a presente obra externar uma concepção crítica a um "*pronunciamento pretoriano*", olvida ser essa uma das mais autênticas

tarefas da doutrina no ambiente democrático e respeitoso que deve informar eventuais discrepâncias entre a academia e a jurisprudência dos Tribunais (lembremos, apenas, das centenas de obra que contestam decisões da *Supreme Court* e do *Bundesverfassungsgericht*). O que importa referir, igualmente dentro do espírito acadêmico, é que as críticas do professor paulista *parecem não se fastar de uma análise horizontal sobre a temática da investigação do Ministério Público*, descontextualizada, portanto, dos elementos de teoria do Estado e da Constituição que o sustentam. Em suma, Tucci enfatiza, tão-somente, os argumentos dogmático-normativos que utilizamos, deixando de abordar, *ipso facto*, a teorização hermenêutico-constitucional que funcionou, a todo o momento, como o fio condutor da obra. Por isso, insistimos que a problemática acerca da função investigatória do Ministério Público transcende a essa linearidade processual penal, marcada por uma análise meramente dogmático-normativa. O enfrentamento do problema exige mais. Faz-se necessário concebê-lo no contexto de um Estado que, constituído sob a fórmula de Estado Democrático de Direito, deseja projetar-se efetivamente como uma *República*, com os efeitos inerentes a essa opção política sufragada pelos artigos 1º e 3º da Constituição. Em síntese: a discussão acerca da legitimidade da função investigatória do Ministério Público, para além dos aspectos dogmático-normativos que o circundam, é uma questão *Republicana*, perspectiva essa, aliás, que entrecorta a excelente abordagem da temática feita recentemente pelo professor Clémerson Clève (Clève, Clémerson Merlin, *Investigação Criminal e Ministério Público,* Jus Navigandi, Teresina, a. 8, nº 450, 30 set. 2004. Disponível em: http://www1.jus.com.br/doutrina/texto.asp?id=5760. Acesso em 30 set. 2004. Em tom crítico ao que sustentamos, vale referência ao sério magistério de Geraldo Prado (Prado, Geraldo, *Sistema Acusatório – A Conformidade Constitucional das Leis Processuais Penais,* 3ª ed. Rio de Janeiro: Lumen Juris, 2005, pp. 129-135).

Capítulo II

O POSICIONAMENTO DO SUPREMO TRIBUNAL FEDERAL QUANTO AO PODER INVESTIGATÓRIO DO MINISTÉRIO PÚBLICO: UMA CRÍTICA DO PONTO DE VISTA HERMENÊUTICO

2.1. A decisão no RHC 81.326-DF: a fixação da controvérsia

A situação de fato subjacente ao *decisum* relaciona-se à expedição de uma intimação dirigida pelo Ministério Público a um Delegado de Polícia para que este comparecesse a prestar esclarecimentos sobre eventual envolvimento em prática delituosa. A parte dispositiva do voto-condutor traz a seguinte conclusão:

> "Dou provimento ao RECURSO. Anulo a requisição expedida pelo MINISTÉRIO PÚBLICO, por faltar-lhe legitimidade. Em conseqüência, anulo o próprio expediente investigatório criminal instaurado por ele, para ouvir o RECORRENTE".
> Da ementa oficial, retira-se:
> "EMENTA: RECURSO ORDINÁRIO EM *HABEAS CORPUS*. MINISTÉRIO PÚBLICO. INQUÉRITO ADMINISTRATIVO. NÚCLEO DE IN-

VESTIGAÇÃO CRIMINAL E CONTROLE EXTERNO DA ATIVIDADE POLICIAL/DF. PORTARIA. PUBLICIDADE. ATOS DE INVESTIGAÇÃO. INQUIRIÇÃO. ILEGITIMIDADE. 1. PORTARIA. PUBLICIDADE A Portaria que criou o Núcleo de Investigação Criminal e Controle Externo da Atividade Policial no âmbito do Ministério Público do Distrito Federal, no que tange a publicidade, não foi examinada no STJ. Enfrentar a matéria neste Tribunal ensejaria supressão de instância. Precedentes. 2. INQUIRIÇÃO DE AUTORIDADE ADMINISTRATIVA. ILEGITIMIDADE. A Constituição Federal dotou o Ministério Público do poder de requisitar diligências investigatórias e a instauração de inquérito policial (CF, art. 129, VIII). A norma constitucional não contemplou a possibilidade do parquet realizar e presidir inquérito policial. Não cabe, portanto, aos seus membros inquirir diretamente pessoas suspeitas de autoria de crime. Mas requisitar diligência nesse sentido à autoridade policial. Precedentes. O recorrente é delegado de polícia e, portanto, autoridade administrativa. Seus atos estão sujeitos aos órgãos hierárquicos próprios da Corporação, Chefia de Polícia, Corregedoria. Recurso conhecido e provido" [STF – RHC 81.326, Segunda Turma, Rel. Min. Nelson Jobim, DJ 01.08.2003].

A decisão tem a seguinte construção, tal como expressa no voto-condutor do Ministro relator:

Voto: O RECURSO tem por objetivo modificar a decisão do STJ que reconheceu validade à requisição expedida pelo MINISTÉRIO PÚBLICO/DF. Essa requisição pretendia fazer o RECORRENTE comparecer ao Núcleo de Investigação Criminal e Controle Externo da Atividade Policial, a fim de ser ouvido em Procedimento Administrativo Investigatório Supletivo (PAIS). Analiso os fundamentos. 1. FALTA DE PUBLICIDADE DA PORTARIA. A falta de publicidade da Portaria nº 799, de 21 de novembro de 1996, que criou o Núcleo de Investigação Criminal e Controle Externo da Atividade Policial, no âmbito do MINISTÉRIO PÚBLICO, embora suscitada perante o STJ, não foi examinada (fls. 03 e 24). Leio, no parecer do MINISTÉRIO PÚBLICO: "...o acórdão impugnado não tratou, em momento algum, da legalidade ou ilegalidade da portaria do Ministério Público do Distrito Federal e Territórios, que criou o Núcleo de Investigação e Controle Externo da Atividade Policial. Tampouco mencionou a legalidade ou ilegalidade da notificação do Paciente para que comparecesse ao referido núcleo. ... deveria o Recorrente ter oferecido embargos declaratórios, para que o Colendo Superior Tribunal de Justiça se manifestasse sobre o tema. Não o tendo feito, a defesa deixou que a tal matéria precluísse, não podendo ser objeto de apreciação neste recurso. ....." (fls. 120). Confirmo no Voto do Relator, Ministro GILSON DIPP: ".... Trata-se de habeas corpus contra decisão do e. Tribunal de Justiça do Distrito Federal e Territórios, que denegou ordem impetrada em favor do paciente, visando ao trancamento do procedimento administrativo contra ele instaurado pelo

Ministério Público local, para a apuração de crime que, em tese, o paciente teria cometido. Em razões, reitera-se alegação de ausência de justa causa para constranger o paciente e comparecer ao Núcleo de Investigação a fim de depor. Sustenta-se, da mesma forma, que o procedimento instaurado pelo Ministério Público seria inconstitucional, afrontando ao Princípio do Devido Processo Legal, eis que a apuração do fato caberia à Polícia, por meio de inquérito policial..." (fls. 85). O RECORRENTE não lançou mão dos embargos para sanar a omissão. Ressuscitar a matéria, agora, caracterizaria supressão de instância. Precedentes: HC 66.825, CARLOS MADEIRA; HC 71.603, HC 73.390 e HC 70.734, CARLOS VELLOSO; HC 76.966, MAURÍCIO CORRÊA; HC 79.948, NELSON JOBIM; e HC 81.458, SEPÚLVEDA PERTENCE. Ocorreu a preclusão. 2. FALTA DE LEGITIMIDADE DO MINISTÉRIO PÚBLICO. Quanto à falta de legitimidade do MINISTÉRIO PÚBLICO para realizar diretamente investigações e diligências em procedimento administrativo investigatório, com fim de apurar crime cometido por funcionário público, no caso DELEGADO DE POLÍCIA, a controvérsia não é nova. Faço breve exposição sobre sua evolução histórica. Em 1936, o Ministro da Justiça VICENTE RÁO, tentou introduzir, no sistema processual brasileiro, os juizados de instrução. A Comissão da Segunda Secção do Congresso Nacional do Direito Judiciário, composta pelos Ministros BENTO DE FARIA, PLÍNIO CASADO e pelo Professor GAMA CERQUEIRA, acolheu a tese no anteprojeto de reforma do Código de Processo Penal. Ela, entretanto, não vingou. Na exposição de motivos do Código de Processo Penal o Ministro FRANCISCO CAMPOS ponderou acerca da manutenção do inquérito policial. Leio, em parte, a ponderação: "... O preconizado juízo de instrução, que importaria limitar a função da autoridade policial a prender criminosos, averiguar a materialidade dos crimes e indicar testemunhas, só é praticável sob a condição de que as distâncias dentro do seu território de jurisdição sejam fácil e rapidamente superáveis...". Prossigo. A POLÍCIA JUDICIÁRIA é exercida pelas autoridades policiais, com o fim de apurar as infrações penais e a sua autoria (CPP, art. 4º). O inquérito policial é o instrumento de investigação penal da POLÍCIA JUDICIÁRIA. É um procedimento administrativo destinado a subsidiar o MINISTÉRIO PÚBLICO na instauração da ação penal. A legitimidade histórica para condução do inquérito policial e realização das diligências investigatórias, é de atribuição exclusiva da polícia. Nesse sentido, leio em ESPÍNOLA FILHO: "... a investigação da existência do delito e o descobrimento de vários participantes de tais fatos, reunindo os elementos que podem dar a convicção da responsabilidade, ou irresponsabilidade dos mesmos, com a circunstância, ainda, de somente nessa fase se poderem efetivar algumas diligências de atribuição exclusiva da polícia..." (grifei). Com essa orientação, há precedente de NELSON HUNGRIA, neste Tribunal (RHC 34.827). Leio, em seu Voto: "... o Código de Processo Penal ... não autoriza, sob qualquer pretexto, semelhante deslocação da competência, ou, seja, a substituição da autoridade policial pela judiciária e membro do MP na investigação do crime ... ". Até a promulgação da atual Constituição, o MINISTÉRIO PÚBLICO e a POLÍCIA JUDICIÁRIA tinham seus canais de comunicação na esfera infraconstitucional. A harmonia funcional ocorria através do Código de Processo Penal e de leis extravagantes, como a Lei Complementar 40/81, que disciplinava a Carreira do MINISTÉRIO PÚBLICO. Na Assembléia Nacional Constituinte (1988), quando se tratou de questão do CONTROLE EXTERNO DA POLÍCIA CIVIL, o processo de instrução presidido pelo MINISTÉRIO PÚBLICO voltou a ser debatido. Ao final, manteve-se a tradição. O Constituinte rejeitou as Emendas 945, 424, 1.025, 2.905, 20.524, 24.266 e 30.513, que, de um modo geral, davam ao MINISTÉRIO PÚBLICO a supervisão, avocação e o acompanhamento da investigação criminal. A Constituição Federal assegurou as funções de POLÍCIA JUDICIÁRIA e apuração de infrações penais à POLÍCIA CIVIL (CF, art. 144, § 4º). Na esfera infraconstitucional, a Lei Complementar 75/93, cingiu-se aos termos da Constituição no que diz respeito às atribuições do MINISTÉRIO PÚBLICO (arts. 7º e 8º). Reservou-lhe o poder de requisitar diligências investigatórias e instauração do inquérito policial (CF, art. 129, inciso VIII) Ainda assim, a matéria estava longe de ser pacificada. Leio: "...Proposta de Emenda Constitucional em trâmite no Congresso Nacional brasileiro, relacionada com a questão do controle externo da atividade policial, ... a de nº 109, também de 1995, de autoria do Deputado Federal Coriolano Sales, que se propõe a alterar a redação dos incs. I e VIII, do art. 129, da Constituição da República. A exemplo da anterior, em 03 de junho de 1997, esta também foi apensada à Proposta de Emenda Constitucional 059/95. Com a alteração da redação do inc. I, do citado art. 129, da Constituição da República, a Proposta pretende incluir a instauração e direção do inquérito como uma das funções institucionais do Ministério Público..... Em março de 1999, o Senador Pedro Simon apresentou nova Proposta de Emenda Constitucional, sob o nº 21, acrescentando parágrafo único, ao art. 98, da Constituição da República, disciplinando que nas infrações penais de relevância social, a serem definidas em lei, a instrução será feita diretamente perante o Poder Judiciário, sendo precedida de investigações preliminares, sob a direção do Ministério Público, auxiliado pelos órgãos da polícia judiciária." Prossigo eu. O Tribunal enfrentou a matéria (RE 233.072, NÉRI DA SILVEIRA). Na linha do Voto que proferiu na ADIn 1.571, o Relator entendia que o MINISTÉRIO PÚBLICO tinha legitimidade para desenvolver atos de investigação criminal. Divergi. Leio, em parte, o que sustentei em meu Voto. " ... quando da elaboração da Constituição de 1988, era pretensão de alguns parlamentares introduzir texto específico no sentido de criarmos, ou não, o processo de instrução, gerido pelo MINISTÉRIO PÚBLICO. Isso foi objeto de longos debates na elaboração da Constituição e foi rejeitado. ... o tema voltou a ser discutido quando, em 1993, votava-se no Congresso Nacional a lei complementar relativa ao MINISTÉRIO PÚBLICO DA UNIÃO e ao MINISTÉRIO PÚBLICO DOS ESTADOS, em que havia essa discussão do chamado processo de instrução que pudesse ser gerido pelo MINISTÉRIO PÚBLICO. Há longa disputa entre o MINISTÉRIO PÚBLICO, a POLÍCIA CIVIL e a POLÍCIA FEDERAL em relação a essa competência exclusiva da polícia de realizar os inquéritos. Lembro-me que toda essa matéria foi rejeitada, naquele momento, no Legislativo...". Acompanharam-me os Ministros MARCO AURÉLIO e CARLOS VELLOSO, compondo a maioria. Redigi o acórdão. Está na ementa: "... O Ministério Público (1) não tem competência para promover inquérito administrativo em relação à conduta de servidores públicos; (2) nem competência para produzir inquérito penal sob o argumento de que tem possibilidade de expedir notificações nos procedimentos administrativos; (3) pode propor ação penal sem o inquérito policial, desde que disponha de elementos suficientes. Recurso não conhecido." A polêmica continuou. O CONTROLE EXTERNO DA POLÍCIA, concedido ao MINISTÉRIO PÚBLICO pela Constituição, foi regulamentado pela Resolução 32/97, do CONSELHO SUPERIOR DO MINISTÉRIO PÚBLICO FEDERAL. A Constituição Federal dotou o MINISTÉRIO PÚBLICO do poder de requisitar diligências investigatórias e a instauração de inquérito policial

(CF, art. 129, inciso VIII). A norma constitucional não contemplou, porém, a possibilidade do mesmo realizar e presidir inquérito penal. Nem a Resolução 32/97. Não cabe, portanto, aos seus membros, inquirir diretamente pessoas suspeitas de autoria de crime. Mas, requisitar diligência à autoridade policial. Nesse sentido, decidiu a Segunda Turma (RECR 205.473, CARLOS VELLOSO). Leio na ementa: "... I – Inocorrência de ofensa ao art. 129, VIII, C.F., no fato de a autoridade administrativa deixar de atender requisição de membro do Ministério Público no sentido da realização de investigações tendentes à apuração de infrações penais, mesmo porque não cabe ao membro do Ministério Público realizar, diretamente, tais investigações, mas requisitá-las à autoridade policial, competente para tal (C.F., art. 144, §§ 1º e 4º). Ademais, a hipótese envolvia fatos que estavam sendo investigados em instância superior...." Do Voto de VELLOSO destaco: "... não compete ao Procurador da República, na forma do disposto no art. 129, VIII, da Constituição Federal, assumir a direção das investigações, substituindo-se à autoridade policial, dado que, tirante a hipótese inscrita no inciso III do art. 129 da Constituição Federal, não lhe compete assumir a direção de investigações tendentes à apuração de infrações penais (C.F., art. 144, §§ 1º e 4º)...". Prossigo. O RECORRENTE é DELEGADO DE POLÍCIA. Autoridade administrativa, portanto. Seus atos administrativos estão sujeitos aos órgãos hierárquicos próprios da Corporação, Chefia de Polícia, Corregedoria etc. 3. DECISÃO. Dou provimento ao RECURSO. Anulo a requisição expedida pelo MINISTÉRIO PÚBLICO, por faltar-lhe legitimidade. Em conseqüência, anulo o próprio expediente investigatório criminal instaurado por ele, para ouvir o RECORRENTE.

Da leitura do voto-condutor, é possível extrair que sua fundamentação está assentada nos seguintes aspectos: *primeiro,* na análise histórica, quando procura demonstrar que desde o longínquo ano de 1936 vem sendo negado ao Ministério Público o poder de realizar diligências de cunho investigatório; *segundo,* que a Constituição não teria conferido à Instituição esse poder; *terceiro,* na suposta "exclusividade" da Polícia, em face de uma "legitimidade histórica", para a realização de tal atividade.

2.2. O "método histórico" como sustentáculo da argumentação: uma problemática originariamente hermenêutica: a fragilidade dos métodos ou cânones interpretativos

O Ministro Nelson Jobim, em seu voto, buscou fundamentar a impossibilidade de o Ministério Público realizar diligências investigatórias em matéria criminal a partir de uma análise histórica do problema. Assim, para negar à Instituição o poder de realizar tais investigações, o Ministro reporta-se:

a) primeiro, ao longínquo ano de 1936, quando o Ministro da Justiça Vicente Ráo, tentou introduzir, no sistema processual brasileiro, os juizados de instrução. A tese, entretanto, não vingou;

b) acrescenta, ainda, Jobim que na exposição de motivos do Código de Processo Penal, o então Ministro da Justiça

Francisco Campos ponderou acerca da manutenção do inquérito policial. Segundo o Ministro relator, antiga doutrina de Espínola Filho já apontava nesse exato sentido, *verbis*: "*a investigação da existência do delito e o descobrimento de vários participantes de tais fatos, reunindo os elementos que podem dar a convicção da responsabilidade, ou irresponsabilidade dos mesmos, com a circunstância, ainda, de somente nessa fase se poderem efetivar algumas diligências de atribuição exclusiva da polícia*";

c) em seqüência, traz à colação precedente do Supremo Tribunal Federal do ano de 1957, da lavra de Nelson Hungria, segundo o qual "*O Código de Processo Penal não autoriza a deslocação da competência, ou seja a substituição da autoridade policial pela judiciária e membro do Ministério Público na investigação do crime*" (RHC 34.827-AL, publicado na RTJ/STF, v. 1, abr./jun. 1957);

d) busca subsídios, também, nos anais da Assembléia Nacional Constituinte (1986-88), aludindo que, quando se tratou de questão do Controle Externo da Polícia, o processo de instrução presidido pelo Ministério Público voltou a ser debatido, mantendo-se, ao final dos debates, a tradição, na medida em que o constituinte rejeitou as Emendas 945, 424, 1.025, 2.905, 20.524, 24.266 e 30.513, que, de um modo geral, davam ao Ministério Público a supervisão, avocação e o acompanhamento da investigação criminal;

e) em continuidade, o Ministro relator busca guarida, agora, no processo legislativo regular, arrolando, para tanto, as seguintes propostas e projetos que tratam da matéria: PEC 109/95, relacionada com a questão do controle externo da atividade policial, de autoria do Deputado Federal Coriolano Sales, que se propõe a alterar a redação dos incisos I e VIII, do art. 129, da Constituição da República, apensada à PEC

059/95; com a alteração da redação do inciso I do citado art. 129 da Constituição da República, a Proposta pretende incluir a instauração e direção do inquérito como uma das funções institucionais do Ministério Público; finalmente, rememora-se que, em março de 1999, o Senador Pedro Simon apresentara nova PEC (nº 21) com o objetivo de acrescentar parágrafo único ao art. 98 da Constituição, disciplinando que nas infrações penais de relevância social, a serem definidas em lei, a instrução seria feita diretamente perante o Poder Judiciário, sendo precedida de investigações preliminares, sob a direção do Ministério Público, auxiliado pelos órgãos da polícia judiciária.

Em que pese a alentada pesquisa, não podemos concordar com a linha de raciocínio empreendida pelo eminente Ministro relator. E a discordância prende-se a razões hermenêuticas.

De início, devemos deixar claro que qualquer método de interpretação (no caso, o histórico) pode tornar-se frágil se confrontado a outros métodos. Mais do que isto, todavia, é a própria metodologia que não se sustenta em face daquilo que hoje denominamos nova hermenêutica, a partir da revolução paradigmática provocada por autores como Hans-Georg Gadamer e toda a tradição lingüística que proporcionou a invasão da filosofia pela linguagem.[1] Registre-se, a propósito, as bem fundadas críticas de Friedrich Müller às técnicas/regras/métodos de interpretação. Para ele, as regras tradicionais da interpretação não podem ser isoladas como "métodos" autônomos por si. Tais regras dirigem-se a toda e qual-

---

1 Sobre o assunto, consultar STRECK, Lenio Luiz. *Jurisdição*, cit., em especial Capítulo 5.

quer norma jurídica: porque cada norma jurídica tem o seu texto da norma – a consuetudinária, um texto mutante, a escrita, um texto autenticamente fixado – (interpretação gramatical); porque nenhuma norma do direito positivo representa apenas a si mesma, mas ao menos se relaciona com todo o ordenamento jurídico (interpretação sistemática); porque finalmente, cada norma pode ser questionada com vistas ao seu "sentido" e (à sua) finalidade.[2]

Na mesma linha podem ser elencadas as críticas de Hesse, para quem tampouco os "distintos métodos" de interpretação tomados um por um, de forma isolada, oferecem orientação suficiente. É freqüente que o texto não diga nada que seja inequívoco sobre o significado da palavra, com que se coloca o problema de como determinar este significado: se com uso da linguagem usual, ou a linguagem jurídica especializada, ou bem segundo a função que cada caso assuma o conceito. A "interpretação sistemática" é praticamente uma carta branca, pois com a regra de que há de se colocar o sentido de um preceito não se avança nada a respeito da pergunta fundamental, a de como descobrir dito sentido. Finalmente, tampouco é clara a relação dos distintos métodos entre si. Fica por decidir qual daqueles há de seguir em cada caso, ou qual dos mesmos deva se dar preferência, em particular quando conduzem a resultados diferentes.[3]

---

2   Cf. MÜLLER, Friedrich. *Métodos de Trabalho do Direito Constitucional*. Porto Alegre: Síntese, 1999, pp. 68 e 69.
3   Cf. HESSE, Konrad. *Escritos de Derecho Constitucional*. Madrid: Centro de Estudios Constitucionales, 1983, pp. 40 e 42.

Com propriedade, Eros Grau[4] chama a atenção para aquilo que ele denomina "calcanhar de Aquiles" da interpretação:

> "quando interpretamos, o fazemos sem que exista norma a respeito de como interpretar as normas. Quer dizer, não existem aquelas que seriam meta-normas ou meta-regras. Temos inúmeros métodos, ao desfrute de cada um. Interpretar gramaticalmente? Analiticamente? Finalisticamente? Isso quer dizer pouco, pois as regras metodológicas de interpretação só teriam real significação se efetivamente definissem em que situações o intérprete deve usar este ou aquele cânone hermenêutico, este ou aquele outro método de interpretar. Mas acontece que essas normas nada dizem a respeito disso; não existem essas regras".

Em face disso, é possível afirmarmos que a inexistência de um *método dos métodos* ou de um *metacritério* que estabeleça o "correto" uso da metodologia jurídica – tão bem criticada por Grau e Müller – faz com que essa procura resvale inexoravelmente para o terreno da objetificação metafísica. Em outras palavras, a busca de um *metacritério* (espécie de método dos métodos) é a procura de uma espécie de método fundante/fundamental (um *Grundmethode*?), que daria o necessário fundamento de validade a esse metamétodo ou metacritério, mesmo intento, aliás, que levou Kelsen a construir

---

4 Cf. GRAU, Eros Roberto. "A Jurisprudência dos Interesses e a Interpretação do Direito". In: ADEODATO, João Maurício (Org.). *Jhering e o Direito no Brasil*. Recife: Universitária, 1996, p. 79.

a noção de norma fundamental (*Grundnorm*) – na Teoria Pura do Direito entendida como norma pressuposta com nítida inspiração kantiana, e na Teoria Geral das Normas (obra póstuma) transmudada para ficção, inspiração buscada na filosofia do "como se" (*als ob*) –, ambas, de qualquer sorte, elaboradas e sofisticadas formas de objetificação positivista.[5]

Além dessa problemática relacionada à fragilidade de todo e qualquer método ou cânone utilizado para interpretar, *outra razão de ordem hermenêutica nos impele a discordar da decisão do Pretório Excelso*. Trata-se da velha discussão acerca da dicotomia texto-norma. Expliquemos, pois: historicamente, a doutrina e a jurisprudência têm passado a idéia de que o texto "carrega" consigo o exato sentido da norma, assim como se na vigência do texto já estivesse contida a validade da norma. Isto significa cair em uma espécie de fetichismo da lei. De há muito que Friedrich Müller desvelou essa questão, deixando assentado que a norma é sempre o produto da interpretação de um texto, e que a norma não está contida no texto.

Veja-se, de forma exemplificativa: o mesmo *texto* da Constituição norte-americana que na década de 50 deu azo a uma *norma* que sustentava a constitucionalidade da discriminação racial, décadas após oportuniza o surgimento de outra *norma*, com sentido diametralmente oposto, dando pela inconstitucionalidade da discriminação racial. Do mesmo modo, passados alguns anos do caso *Bowers v. Hardwick*, em que foi rejeitada a inquinação de inconstitucionalidade de lei criminalizadora do ato de sodomia, a *Supreme Court* (USA) alterou sua posição. Ou seja, *mesmos textos produzem nor-*

---

5   Cf. STRECK, Lenio Luiz, *Jurisdição*, op. cit., Capítulo 5.

mas distintas. Por isto, a partir da superação da hermenêutica clássica, que trabalha(va) com a idéia de que interpretar é extrair do texto o seu sentido (*Auslegung*), pela hermenêutica de cunho filosófico, *passou-se a entender que o processo interpretativo não é reprodutivo, mas, sim, produtivo*. Interpretar é, pois, dar/atribuir sentido (*Sinngebung*). Com isto, deixa de existir equivalência entre texto e norma e entre vigência e validade, em face do que se denomina na fenomenologia hermenêutica de diferença ontológica.

Desse modo, se o texto não "carrega" a sua norma e se a vigência de um dispositivo não implica diretamente a sua validade, é possível afirmar que textos anteriores à Constituição recebem automaticamente novas normas, atribuíveis a partir do *topos* hermenêutico que é a Constituição de 1988. Sentidos jurídicos atribuídos a textos legais, por exemplo, em 1936 (Projeto Ráo), 1941 (Código de Processo Penal) e 1957 (decisão do STF, da lavra de Hungria) *não se mantêm na contemporaneidade pós-Constituição de 1988*, pela profunda alteração do papel do Estado, da Constituição e, fundamentalmente, da função a ser exercida pelo Ministério Público.

Definitivamente, não se pode olhar o novo com os olhos do velho. Essa relação hermenêutica entre texto e norma deve ser aplicada não somente à interpretação doutrinária, como também ao uso de decisões jurisprudenciais anteriores à Constituição. *Decisões de tribunais* (precedentes) *também são textos jurídicos, que devem receber a respectiva norma* (sentido). Portanto, a filtragem hermenêutico-constitucional que aqui se fala atinge também a jurisprudência.

Há, pois, sensível diferença na interpretação dos mesmos textos ou expressões de textos sob o regime constitucional anterior e sob o novo. Analisando o caso da Constituição da Espanha, Hernandez Gil lembra da necessidade de mudar radicalmente a linguagem jurídica, o sistema de linguagem ou o marco de referência jurídico de todos os operadores do Direito da Espanha para uma compreensão adequada do novo paradigma constitucional. O ano de 1981 pode ser considerado crucial para esse intento. Com efeito, basta que se examine a correlação semântica que os juristas tinham antes e têm agora acerca de expressões como igualdade, discriminação, inocência, prova, domicílio ou lei fundamental, cujos significados sofreram radical alteração se comparados com a versão *a*-técnica e pré-técnica que tinham antes da entrada em funcionamento do Tribunal Constitucional. Sem a existência de um Tribunal Constitucional, tais modificações não teriam se firmado com tanta firmeza ou, ao menos, tal fenômeno não teria ocorrido com tanta rapidez. E isto pode servir para colocar uma questão de relevante interesse: o Tribunal Constitucional não somente utiliza normas de interpretação, como as constrói e as impõe à comunidade jurídica. Assim, na Sentença (STC) 64/83, impôs aos juízes e Tribunais a obrigação de interpretar as leis em conformidade com a Constituição.[6]

---

6   Cf. HERNANDEZ GIL, Antonio. "La Justicia en la Concepción del Derecho Según la Constitución Española". In: *División de Poderes e Interpretacion. Hacia una teoria de la prazis constitucional*. Edicion e prologo de Antonio Lopez Pina. Madrid: Tecnos, 1987, p. 155. No caso brasileiro, veja-se, p. ex., os conceitos de direito adquirido, ato jurídico perfeito, uso da propriedade, etc., cujos conceitos continuam sendo buscados em doutrina e textos legais infraconstitucionais escritos há dezenas de anos, como se os textos e as expressões tivessem conceitos-em-si-mesmos, metafísicos, portanto. Um problema bem atual diz respeito ao conceito de crime de tráfico, previsto no art. 12 da Lei 6.368, de 1976. Observe-se que parcela considerável dos condenados por tráfico são pequenos criminosos, o que, *no plano daquilo que aqui denomino de filtragem*

Portanto, perde força hermenêutica qualquer interpretação que busque no desenvolvimento histórico da formação de determinado instituto a construção de uma *mens legislatoris* ou *mens legis*. Tal procedimento, de índole marcadamente historicista, mostra-se antitético com o que contemporaneamente se entende por hermenêutica. Quer-se dizer, o historicismo esbarra nos câmbios de paradigma; no caso do Direito, esse câmbio é evidenciado pelo advento de uma nova Constituição.

A validade do "método histórico", nos termos em que está colocado, poderia levar o processo hermenêutico à pro-

---

hermenêutico-constitucional, mostra o equívoco que existe na compreensão do tipo penal previsto no art. 12 da Lei 6.368/76. Parece óbvio que a velha Lei 6.368/76, por ser de origem anterior à Constituição de 1988, necessita passar por uma *releitura constitucional* (filtragem constitucional). Explicando melhor: quando a Lei 6.368/76 entrou em vigor, o tráfico (art. 12) não era crime hediondo, categoria esta que somente ingressou em nosso universo jurídico a partir de 5 de outubro de 1988. Conseqüentemente, quando a Lei dos Crimes Hediondos *alçou o crime de tráfico à categoria de hediondos,* a nova Lei e a própria Constituição estabeleceram *um novo fundamento de validade à antiga lei.* Ou seja, a partir da transformação do tráfico de entorpecentes em crime hediondo, o conceito de tráfico *não é mais o mesmo* que o do antigo texto da Lei; o tráfico, agora, *é o tráfico hediondo,* exsurgente do novo *topos* hermenêutico-constitucional. Desnecessário e totalmente despiciendo remeter, aqui, o leitor a Kelsen, porque sobejamente conhecido pela comunidade jurídica, naquilo que se chama de princípio da recepção das normas, assim como também a Ferrajoli, na discussão da dicotomia vigência-validade, onde a primeira é secundária em relação à segunda, *a qual sempre será aferida a partir da confrontação com a Constituição.* Isto significa dizer que, se simples "consumidores", "possuidores" ou "pequenos traficantes" são processados (e condenados) por crime de tráfico, é porque o tipo penal está sendo aplicado de forma indevida e equivocada. Falta, pois, *in casu*, um olhar constitucional e constitucionalizante. *Ou seja, é preciso ter presente que, em face do crescimento da criminalidade,* dução de decisões absolutamente desconectadas da realidade. Para exemplificar, vejamos o problema que a análise do desenrolar do processo constituinte poderia trazer para a temática do recurso das decisões do Tribunal do Júri, previsto no art. 594, III, "d", do CPP (decisão manifestamente contrária à prova dos autos), em confrontação paramétrica com o art. 5°, XXXVIII, da CRFB, que estabelece a garantia da "soberania dos veredictos". Com efeito, com o advento da Constituição de 1988, reascendeu-se a polêmica em torno da possibilidade de recorrer-se ou não dos resultados júri popular. A Constituição de 1967, emendada em 1969, manteve, no capítulo dos "Direitos e Garantias Individuais", a instituição do júri, com competência para o julgamento dos crimes dolosos contra a vida. Eliminou-se a referência que constava na Constituição de 1946, relativamente à soberania dos veredictos, que ali se inserira pela primeira vez, inovando no contexto das cartas constitucionais republicanas de 1891 e 1934, que apenas declaravam que era "mantida a instituição do

---

está ocorrendo a banalização da criminalização, representada pela equivocada aplicação da lei penal, onde não se obedece (mais) nem sequer à legalidade formal (conceito analítico de delito). Dito de outro modo, se o Estado estabeleceu que o crime de tráfico de entorpecentes deveria ser alçado à categoria de hediondo – e, registre-se, tal classificação não foi nem sequer questionada pelo Poder Judiciário –, é porque o crime de tráfico coloca em xeque a sociedade (e não a saúde individual enquadrável na relação interindividual!!!). Logo, não há como entender a existência de "traficantes bagatelares". Pequeno traficante ou traficante bagatelar é uma contradição em si mesmo! Cf. STRECK, Lenio Luiz. "As (novas) penas alternativas à luz da principiologia do Estado Democrático de Direito e do Controle de Constitucionalidade". In: Fayet Jr., Ney (Org.). *A Sociedade, A Violência e o Direito Penal*. Porto Alegre: Livraria do Advogado, 2000, pp. 121-144.

júri", enquanto a de 1937 nada falou a respeito. Reanimou-se, assim, a tese de que, soberano o veredicto dos jurados, tornar-se-ia impossível, em grau de apelação, a sua reapreciação. Os juristas que defenderam essa tese sustentaram o debate em vários aspectos. *Um deles chamou a atenção, similar ao argumento utilizado no acórdão ora sob comento.* Argumentou-se que, como o deputado José Egreja propusera uma emenda, que levou o nº 29.288, tentando incluir *"a soberania dos veredictos, salvo quando a decisão for contrária à prova dos autos"*, tal emenda, por ter sido rejeitada, demonstrava claramente que o legislador constituinte optara pela soberania total do júri (*sic*). Parece evidente que o argumento mostrou-se desarrazoado. A rejeição da emenda que dispunha acerca da possibilidade de interpor apelação, não implica, automaticamente, que o constituinte teria querido a não possibilidade recursal!

Do mesmo modo, com a vênia da argumentação expedida pelo Ministro Nelson Jobim, relator do caso sob análise, *não é possível concluir que*, pelo fato de que, desde o Projeto Ráo (1936) até o período posterior ao processo constituinte (1999), os projetos que apontavam para a possibilidade de o Ministério Público dirigir investigações criminais terem sido rejeitados (juizados de instrução), *tenha sido afastada a legitimidade da Instituição para "realizar diligências investigatórias"*.

Dito de outro modo, os argumentos históricos, conformadores de uma eventual *voluntas legislatoris* negativa, não podem impedir, hermeneuticamente, a possibilidade de que se atribua sentido diferente aos dispositivos constitucionais e à legislação complementar, que assinala, de forma clara, a possibilidade de o Ministério Público realizar tais atos investigatórios, questão que será demonstrada a seguir.

Por último, releva registrar que, ao lado da decisão do então Ministro Nelson Hungria, apontando para o fato de que "*o Código de Processo Penal (...) não autoriza, sob qualquer pretexto, semelhante deslocação da competência, ou, seja, a substituição da autoridade policial pela judiciária e membro do M.P. na investigação do crime*" (RHC 34.827-AL, julgado em 31.01.1957), há decisões do mesmo Tribunal que demonstram o contrário. Por exemplo, no HC 37.053, posterior, portanto, àquele utilizado no voto condutor do Hábeas Corpus sob comento, o mesmo Ministro Nelson Hungria assenta que *"não é indeclinável, para recebimento da denúncia ou queixa, que tenha sido instaurado IP, pois os Órgãos do M. Público podem elucidar-se por outro modo"*.

Há, outrossim, vários precedentes contemporâneos do Supremo Tribunal Federal que autorizam distinta conclusão acerca da atuação pré-processual do Ministério Público. Considerado o aspecto histórico metodologicamente utilizado na decisão, tais precedentes merecem referência.

Na análise, por exemplo, do pedido de medida cautelar formulado na ADIn 1.571, o Supremo Tribunal Federal já oferecia, ainda que indiretamente, um entendimento menos restritivo, pois manifestava que "*no que concerne à propositura da ação penal, pois, tomando o MPF, pelos mais diversificados meios de sua ação, conhecimento de atos crimi- nosos na ordem tributária, não fica impedido de agir, desde logo, utilizando-se, para isso, dos meios de prova a que tiver acesso*".[7]

---

7 "EMENTA: 1. Ação direta de inconstitucionalidade. 2. Lei nº 9430, de 27.12.1996, art. 83. 3. Argüição de inconstitucionalidade da norma impugnada por ofensa ao art. 129, I, da Constituição, ao condicionar a notitia criminis contra a ordem tributária 'a decisão final, na esfera administrativa, sobre a exigência fiscal do crédito tributário', do que re-

Mais explícito foi o Supremo Tribunal Federal no julgamento do HC 75.769-MG (DJ 28.11.97), relator o Min. Octavio Gallotti. Tal acórdão tem a seguinte ementa:

EMENTA: *Regular participação do órgão do Ministério Público em fase investigatória* e falta de oportuna argüição de suposta suspeição de magistrado. Pedido indeferido.

Do corpo do acórdão, retiramos:

"Tampouco se evidencia irregularidade na participação do Ministério Público em fase investigatória".

---

sultaria limitar o exercício da função institucional do Ministério Público para promover a ação penal pública pela prática de crimes contra a ordem tributária. 4. Lei nº 8.137/1990, arts. 1º e 2º. 5. Dispondo o art. 83, da Lei nº 9.430/1996, sobre a representação fiscal, há de ser compreendido nos limites da competência do Poder Executivo, o que significa dizer, no caso, rege atos da administração fazendária, prevendo o momento em que as autoridades competentes dessa área da Administração Federal deverão encaminhar ao Ministério Público Federal os expedientes contendo *notitia criminis*, acerca de delitos contra a ordem tributária, previstos nos arts. 1º e 2º, da Lei nº 8.137/1990. 6. Não cabe entender que a norma do art. 83, da Lei nº 9.430/1996, coarcte a ação do Ministério Público Federal, tal como prevista no art. 129, I, da Constituição, no que concerne à propositura da ação penal, pois, tomando o MPF, pelos mais diversificados meios de sua ação, conhecimento de atos criminosos na ordem tributária, não fica impedido de agir, desde logo, utilizando-se, para isso, dos meios de prova a que tiver acesso. 7. O art. 83, da Lei nº 9.430/1996, não define condição de procedibilidade para a instauração da ação penal pública, pelo Ministério Público. 8. Relevância dos fundamentos do pedido não caracterizada, o que é bastante ao indeferimento da cautelar. 9. Medida cautelar indeferida" (ADIn 1.571, Medida Cautelar, Tribunal Pleno, Rel. Min. Néri da Silveira, j. 20.03.97, DJ 25.09.98, p. 11).

A assertiva acima lançada vem em complementação à leitura, pelo Ministro relator, do acórdão impugnado pelo respectivo hábeas corpus, nada tendo oposto Sua Excelência contra aquele aresto. No particular, cabe enfatizar que aludido acórdão continha o seguinte teor:

"No que se refere ao representante do Ministério Público, como bem salientou o parecer de fls. 141/150, 'o empenho pelo órgão do Ministério Público demonstrado na fase investigatória, não o inibe de promover também a ação penal'. E acrescenta, não há que se considerar impedido o Promotor de Justiça por haver, no uso de suas faculdades legais – art. 26, inciso I, 'a', 'b', e 'c' e inciso V da Lei Orgânica Nacional do Ministério Público; Constituição Federal, art. 129, VI e VII, e Constituição Estadual, art. 120, V e VI – acompanhado atos de investigação ou feito diretamente alguma diligência relevante para futura acusação". [8]

O que chama mais a atenção, todavia, é o fato de que o próprio Ministro Nelson Jobim, na condição de relator, já decidira de forma diametralmente oposta. Vejamos:

"EMENTA: *HABEAS CORPUS*. PROCESSO PENAL. SENTENÇA DE PRONÚNCIA. PROVA

---

8   Também sobre participação de membro do Ministério Público na fase investigatória veja-se o verbete 234 da Súmula do Superior Tribunal de Justiça: *"A participação de membro do Ministério Público na fase investigatória criminal não acarreta o seu impedimento ou supeição para o oferecimento da denúncia"* (DJU 07.02.2000, p. 185).

COLHIDA PELO MINISTÉRIO PÚBLICO. Inocorre excesso de linguagem na sentença de pronúncia que apenas demonstra a existência de indícios claros e suficientes de autoria e motiva sucintamente a ocorrência de qualificadora do homicídio. E remete ao Tribunal do Júri a solução da questão. *Legalidade da prova colhida pelo Ministério Público. Art. 26 da Lei nº 8625/93*. Ordem denegada [STF – HC 77.371-3-SP, Segunda Turma, Relator Min. Nelson Jobim, j. 1º.09.1998, DJ 23.10.98, p. 04]" (destaque nosso).

Do teor do acórdão, retira-se:

"Quanto à aceitação, como prova, de depoimento testemunhal colhido pelo Ministério Público, não assiste razão ao paciente, por dois motivos: a) não é prova isolada, há todo um contexto probatório em que inserida; e *b) a Lei orgânica do Ministério Público faculta a seus membros a prática de atos administrativos de caráter preparatório tendentes a embasar a denúncia*. Reza o art. 26 da Lei nº 8.625/93 – 'Lei Orgânica do Ministério Público': 'Art. 26. No exercício de suas funções, o Ministério Público poderá: V – praticar atos administrativos executórios, de caráter preparatório'. Denego a ordem" (destaque nosso).

Nada obstante, pretendemos ir além dos precedentes, os quais, como já advertíamos, não podem ostentar um valor em si de forma a impedir uma rediscussão do problema a partir de um novo modelo de Estado e de uma nova ordem constitucional. É dizer: não poderemos considerar relevante a discussão acerca da matéria quando conduzida pela doutrina ou pela jurisprudência em período contemporâneo a uma ordem constitucional anterior, hoje revogada.

Há, indubitavelmente, um novo fundamento de validade proveniente do texto (e da norma) da Constituição de 1988 que traz nova luz à pauta que trata do papel do Ministério Público na investigação criminal. O velho Ministério Público, dependente do Poder Executivo e vinculado à sua direção torna-se absolutamente obnubilado pelo novo Ministério Público, exsurgido do processo constituinte no seio de uma revolução paradigmática do Estado e do Direito.

Daí por que não se pode aplicar ao Ministério Público do Estado Democrático de Direito interpretações recolhidas de um modelo institucional hoje inexistente, impensável e constitucionalmente inconcebível. Olhando para trás, corre-se o risco de descontextualizar as pautas discursivas. Corre-se o risco de seqüestrar o tempo. E, como se sabe, hermeneuticamente, o tempo é o nome do ser (Heidegger). O tempo é o sentido.

2.3. Sobre a "legitimidade histórica" (*sic*) da polícia para investigar: a descontextualização temporal e constitucional do problema

Como já demonstrado anteriormente, um dos (fortes) argumentos para afastar a legitimidade do Ministério Público para proceder atividades investigatórias, adviria de uma *voluntas legis* de cunho negativo; isto é, o fracasso dos projetos que apontavam para a criação de juizados de instrução. Tais argumentos já foram rebatidos. Resta discutir, com mais especificidade, a questão relacionada à pretensa "legitimidade histórica da polícia para investigar". Antes de mais nada, entretanto, é necessário que façamos dois esclarecimentos:

a) *primeiro*, a legitimidade buscada pelo Ministério Público para realizar diligências investigatórias em matéria criminal – prevista na Constituição e na legislação complementar – não deve ser confundida com a instituição de juizados de instrução. Nesse sentido, alguns dos projetos que fracassaram – inclusive o de Vicente Ráo – tratavam exatamente desse tipo de juizado. Portanto, não estamos analisando e nem tratando da temática relativa aos juizados de instrução;

b) em *segundo lugar*, permitimo-nos insistir na questão da crise de paradigmas,[9] para demonstrar que, *havendo novo fundamento de validade*, a partir da promulgação da Constituição, cessa todo e qualquer fundamento de validade anterior.

É possível dizer – e não vemos nenhum problema neste aspecto – que até 1988 era possível defender a existência de uma legitimidade história da polícia para investigar. Estava-se, afinal, sob a égide de outro paradigma jurídico-constitucional. Entretanto, nesta quadra da história, entendemos que não é mais possível buscar esse fundamento. Vingasse o argumento da "legitimidade histórica" da polícia para investigar, mesmo com o advento da Constituição de 1988 e de toda legislação complementar e ordinária, poder-se-ia também sustentar, logo após a Constituição de 1988, o "direito histórico" à propriedade rural, mesmo com a Constituição estabelecendo limites a esse direito, através da exigência do cumprimento da função social, ou, ainda, poder-se-ia defen-

---

9   A existência de uma crise paradigmática afigura-se como evidente. Com efeito – e autores como José Eduardo Faria de há muito vem apontando nessa direção –, a crise se estabelece porque o Direito e os operadores, preparados para o enfrentamento dos delitos de índole interindividual, não estão preparados para o enfrentamento dos delitos transindividuais.

der, mesmo após a Constituição, a "legitimidade" de a polícia continuar a "baixar" portarias com base na Lei 4.611, instrumento edificado pelo regime autoritário com nítidos propósitos de controle sobre determinados delitos e proteção de setores específicos da Sociedade. Isto para ficar apenas em dois singelos exemplos.

Capítulo III

A INVESTIGAÇÃO CRIMINAL PELO MINISTÉRIO PÚBLICO: EXEGESE CONSTITUCIONAL E LEGAL

3.1. A redução do problema ao seu real objeto: "condução de inquérito policial" e "realização de diligências investigatórias": duas situações distintas

A decisão sob comento investiu-se de um emaranhado conclusivo que deve ser imediatamente desfeito, exigindo-nos que separemos *duas situações que se fazem absolutamente distintas*: o eventual poder do Ministério Público para conduzir "inquéritos policiais" e a eventual legitimidade dessa Instituição para realizar "diligências investigatórias".

Quanto à primeira hipótese, não se revela necessário um esforço de raciocínio mais rigoroso para concluirmos que *o Ministério Público não tem poderes para a condução de "inquérito policial"*. Sobre isso não resta dúvida alguma, pela singela razão de que se o inquérito fosse conduzido pelo Ministério Público já não mais se poderia qualificá-lo como "policial", senão que teria outra designação (procedimento administrativo,[1] procedimento criminal, etc.). Simples, pois.

A questão de fundo é, pois, sensivelmente distinta: reside em saber se, à luz do ordenamento jurídico vigente, o Ministério Público tem – ou não – legitimidade para, no âmbito de seus próprios procedimentos, realizar "*diligências investigatórias*" no intuito de subsidiar a proposição de futura ação penal pública.

Nesse sentido, são dois os argumentos comumente utilizados para anular a aptidão funcional do Ministério Público:

a) a suposta ausência de fundamento legal a respaldar tal atividade;

b) a alegada exclusividade – ou monopólio – da Polícia na tarefa de investigar a prática de qualquer infração penal e sua autoria.

Ambos os argumentos não resistem a uma análise mais detida. Vejamos.

3.2. A realização de diligências investigatórias pelo Ministério Público: legitimação constitucional e base legal

3.2.1. A legitimidade constitucional do poder investigatório do Ministério Público

Recorrentemente, aqueles que desafiam a legitimidade do Ministério Público para proceder a diligências investiga-

---

[1] O termo "procedimento administrativo", além de expressamente utilizado pela Constituição (art. 129, VI), vem confortado tanto pela Lei Complementar 75/93 (arts. 7º, I, 38, I, entre outros) quanto pela Lei 8.625/93 (art. 26, I).

tórias na seara criminal esgrimem o argumento de que tal possibilidade não se encontraria expressa na Constituição, *locus* político-normativo de onde emergem suas funções institucionais.

Trata-se, em verdade, de uma armadilha argumentativa. Esconde-se, por detrás dessa linha de raciocínio, aquilo que se revela manifestamente insustentável: a consideração de que as atribuições conferidas ao Ministério Público pelo art. 129 da Constituição são taxativas, esgotando-se em sua literalidade mesma. Equívoco, *data venia*, grave.

Atente-se, a tanto, que o próprio art. 129, berço normativo das funções institucionais do Ministério Público, ao cabo de especificar um rol de funções acometidas à instituição, dispôs expressamente, em seu inciso IX, que:

> "Art. 129. São funções institucionais do Ministério Público: (...)
> IX – *exercer outras funções* que lhe forem conferidas, *desde que compatíveis com sua finalidade*, sendo-lhe vedada a representação judicial e a consultoria jurídica de entidades públicas".

Trilhando no mesmo diapasão, veja-se que a Lei Complementar 75/93, ao concretizar essa disposição constitucional, dispôs que:

> "Art. 5º. São funções institucionais do Ministério Público da União: (...)
> VI – exercer outras funções previstas na Constituição Federal *e na lei*".

A norma constitucional sob apreço qualifica-se como uma cláusula de abertura – legalmente concretizável – ao exercício, pelo Ministério Público, de "*outras funções*", as quais, entretanto, haveriam de estar submetidas às seguintes três condicionantes:

    a) proveniência legal da função (limitação formal);

    b) compatibilidade da função legalmente conferida com a finalidade institucional do Ministério Público (limitação material afirmativa);

    c) vedação de qualquer função que implique a representação judicial ou a consultoria jurídica de entidades públicas (limitação material negativa).

Afastada, pela lógica, qualquer hipótese de relação do tema (realização de diligências investigatórias) com eventual representação judicial ou consultoria de entidades públicas, cabe-nos verificar se estão afirmadas as demais imposições constitucionais: *função legalmente prevista* e sua *compatibilidade às finalidades institucionais do Ministério Público*.

3.2.2. A proveniência legal da função investigatória

A necessidade peremptória de proveniência legal das funções do Ministério Público é afirmada, senão pelo inciso V, pelo § 2º do art. 5º a Lei Complementar 75/93, que dispõe:

> "§ 2º – *Somente a lei* poderá especificar as funções atribuídas pela Constituição Federal e por esta Lei Complementar ao Ministério Público da União, observados os princípios e normas nelas estabelecidos".

Nesse sentido, em consonância à diretriz legislativa, o art. 8º da Lei Complementar veio a estabelecer que:

> "Art. 8º. Para o exercício de suas atribuições, o Ministério Público da União poderá, *nos procedimentos de sua competência*:

I – notificar testemunhas e requisitar sua condução coercitiva, no caso de ausência injustificada;
II – requisitar informações, exames, perícias e documentos de autoridades da Administração Pública direta ou indireta;
III – requisitar da Administração Pública serviços temporários de seus servidores e meios materiais necessários para a realização de atividades específicas;
IV – requisitar informações e documentos a entidades privadas;
V – *realizar* inspeções e *diligências investigatórias*;
VI – ter livre acesso a qualquer local público ou privado, respeitadas as normas constitucionais pertinentes à inviolabilidade do domicílio;
VII – expedir notificações e intimações necessárias aos procedimentos e inquéritos que instaurar;
VIII – ter acesso incondicional a qualquer banco de dados de caráter público ou relativo a serviço de relevância pública;
IX – requisitar o auxílio de força policial".[2]

---

[2] Outrossim – e isso revelou-se assaz importante –, como anotamos em sede doutrinária, "para o *pleno exercício* dessas graves tarefas acometidas à instituição, não escapou ao poder constituinte um juízo positivo de conveniência no sentido de igualmente *constitucionalizar os meios* necessários à obtenção dos fins. Pois é da vontade explícita e da legitimidade democrática do Poder Constituinte Originário que nasce esse instrumento indispensável disponibilizado ao Ministério Público: o *poder requisitório*. Do art. 129 da Constituição desponta, em dois momentos, a legitimação ministerial ao exercício desse poder. Vejamos: "Art. 129. São funções institucionais do Ministério Público: (...) VI – expedir notificações nos pro-

Concretiza-se legislativamente, pois, e com a carga eficacial avigorada própria das leis complementares, o desiderato constitucional. No que concerne ao real objeto de nosso tema, o dispositivo foi cristalino, assentando caber ao Ministério Público, "*nos procedimentos de sua competência*" (art. 8°, *caput*), "realizar inspeções e diligências investigatórias" (inciso V).

3.2.3. A compatibilidade da investigação criminal do Ministério Público a uma finalidade constitucional que lhe é própria

Ante a clareza do dispositivo legal acima referido (art. 8°, V, da LC 75/93), resta-nos um último passo: analisar se a rea-

---

cedimentos administrativos de sua competência, *requisitando* informações e documentos para instruí-los, na forma da lei complementar respectiva. (...) VIII – *requisitar* diligências investigatórias e a instauração de inquérito policial, indicados os fundamentos jurídicos de suas manifestações processuais." Consabido é que o termo "requisitar" não ostenta um conteúdo genuinamente "solicitatório"; para dizer o óbvio, não equivale a "solicitar". O instrumento da requisição consubstancia, para além de uma simples solicitação, uma exigência legal ao seu destinatário, conquanto não se faça dotado do atributo da coercibilidade, próprio das decisões judiciais. E não poderia ser diferente. A prestação de informações e documentos respeitantes ao próprio objeto da investigação não poderia situar-se na esfera de maior ou menor disponibilidade – ou "boa vontade" – do destinatário da requisição, sob pena de ver-se frustrada a lógica e sistemática estrutura – repita-se, de densidade constitucional – na qual foi concebido o poder requisitório". FELDENS, Luciano. "O Poder Requisitório do Ministério Público e a Inoponibilidade da Exceção de Sigilo". *Boletim Científico – Escola Superior do Ministério Público da União*. Brasília, a. 2, n° 7, abr./jun., 2003, pp. 65-73.

lização de diligências investigatórias pelo Ministério Público encontra pertinência temática com suas atribuições funcionais, haja vista que, a teor do art. 129, IX, a validade material das funções legalmente conferidas à Instituição haveria de passar por um crivo de finalidade; é dizer, deverá fazer-se relacionada a um fim para o qual o Ministério Público esteja constitucionalmente legitimado.

Retornemos, pois, à Constituição da República, a qual dispôs, como atribuição primeira do Ministério Público:

> "Art. 129. São funções institucionais do Ministério Público:
> I – *promover*, privativamente, *a ação penal pública*, na forma da lei".

Resulta nítida a relação *meio-fim* exsurgente do cotejo dos dispositivos legal (art. 8º, V, da LC 75/93, congruente à dicção do art. 26 da Lei 8.625/93) e constitucional (art. 129, I, da CRFB), a dar acolhida, portanto, à terceira – e última – das condicionantes impostas pelo art. 129, IX, da Constituição.

Conquanto assim seja, malabarismos de toda a ordem foram imprimidos no intento de negar-se tal legitimidade investigatória ao Ministério Público. Pretendeu-se, certa feita, comprometer o próprio sentido gramatical – atribuído pela tradição – das expressões "diligências investigatórias", emprestando-lhe uma conotação distinta daquela que corresponderia ao termo "investigar". Duas considerações a respeito. De pronto, impõe-se evidenciar que "interpretar" não significa atingir o (pseudo) "sentido unívoco" da norma; antes significa, a partir da plurivocidade dos termos que a compõem, atribuir-lhe sentido no contexto no qual o problema está engendrado. No caso, mais do que uma simples interpretação gramatical – que, como cânone interpretativo isolado é, no plano hermenêutico, absolutamente frágil –, está sendo questionada a atuação de uma instituição constitucionalmente comprometida com a defesa do Estado Democrático de Direito.

Ainda que assim não fosse, melhor sorte não socorreria àqueles que intentam singularizar o fenômeno hermenêutico, reduzindo-o à procura de um sentido único e "fundante" às expressões que manipulam. Pelo menos neste caso sequer a gramática lhes auxilia, pois a capacidade investigatória do Ministério Público desponta vívida a até mesmo a partir de uma análise – aproximativa, é bem verdade – que se poderia estabelecer entre as demais disposições do art. 8º da Lei Complementar 75/93 e o significado que a expressão "investigar" adquiriu na *tradição* (no sentido que Gadamer atribui a essa palavra jurídica).

Nesse sentido, ainda que a utilização de conceitos lexicográficos possa acarretar o risco de definições de caráter metafísico,[3] não é demais trazer a lume o significado comumente atribuído a essa expressão. Afinal, como já dizia Saussure, se queres saber o significado de um significante, *pergunte por aí...!* Com efeito, investigar é "*1. Seguir os vestígios de; 2. Fazer diligências para achar; pesquisar, indagar, inquirir; 3. Examinar com atenção; esquadrinhar*".[4] Naquilo que poderia haver de mais polêmico à concreção do tema (até o momento não se questionou, ainda, a possibilidade de o Ministério Público "examinar com atenção; esquadrinhar"), situemo-nos diante

---

3   Sobre essa problemática, consultar STRECK, Lenio Luiz. *Hermenêutica Jurídica e(m) Crise.* 4ª ed. Porto Alegre: Livraria do Advogado, 2003, em especial Capítulo 12.
4   Cf. FERREIRA, Aurélio Buarque de Holanda. *Dicionário Aurélio Eletrônico. Século XXI.* Lexicon Informática Ltda., 1999.

dos significados da expressão, traçando-lhes paralelos com os instrumentos de atuação do Ministério Público, todos normativamente recepcionados e amplamente relacionáveis a uma atuação investigatória na seara criminal:

Sentido da expressão "investigar"	Art. 8º da Lei Complementar 75/93
"Fazer diligências para:"	V – realizar inspeções e diligências investigatórias;
"Achar"	VI – ter livre acesso a qualquer local público ou privado, respeitadas as normas constitucionais pertinentes à inviolabilidade do domicílio; VIII – ter acesso incondicional a qualquer banco de dados de caráter público ou relativo a serviço de relevância pública;
"Pesquisar"	II – requisitar informações, exames, perícias e documentos de autoridades da Administração Pública direta ou indireta; III – requisitar da Administração Pública serviços temporários de seus servidores e meios materiais necessários para a realização de atividades específicas; IV – requisitar informações e documentos a entidades privadas;
"Indagar, inquirir"	I – notificar testemunhas e requisitar sua condução coercitiva, no caso de ausência injustificada; VII – expedir notificações e intimações necessárias aos procedimentos e inquéritos que instaurar;

A explicitação acerca do sentido corrente (e razoável) da expressão investigar tem o condão de inserir o debate definitivamente no âmbito da linguagem (e, portanto, no *linguistic turn* ocorrido na filosofia no decorrer do século XX). *Parece evidente que as palavras não carregam um sentido em-si-mesmo. As palavras não refletem a essência das coisas.* Essa discussão atravessa os milênios, podendo apontar-se o Crátilo, de Platão, como o primeiro grande livro de filosofia da linguagem da história do ocidente. Se palavras e coisas (ou significantes e significados) não possuem uma relação de imanência, também não é válido sustentar que é possível dizer "qualquer coisa acerca de qualquer coisa", com o que cairíamos na armadilha da tese sofística acerca da linguagem, nítida em um dos personagens de *Alice no País das Maravilhas*, que dava às palavras o sentido que mais lhe convinha.

Na verdade, nem a metafísica clássica (paradigma aristotélico-tomista) e nem a metafísica moderna (filosofia da consciência) conseguiram solucionar esse problema. A hermenêutica, de matriz filosófica, veio para colocar-se como uma cadeira entre as concepções realistas e idealistas acerca da linguagem. Com o paradigma da linguagem (giro lingüístico), esta deixa de ser uma terceira coisa que se interpõe entre o sujeito e o objeto, passando a ser condição de possibilidade. Chegamos aos objetos pela linguagem. Com isto, rompe-se a tradicional relação sujeito-objeto. *Rompe-se, igualmente, com os cânones da hermenêutica clássica.* Nessa nova quadra da história, a hermenêutica passa a ser produtiva. O processo interpretativo não se faz por partes, ou em "fatias", problemática que Gadamer analisa com maestria em seu *Wahrheit und Methode*.[5] Interpretar é aplicar, pois. Para interpretar, necessitamos, primeiro, compreender; e, para compreender, necessitamos de uma pré-compreensão, que está baseada na nossa historicidade, na nossa faticidade, enfim, na nossa condição-de-ser-no-mundo. Interpretamos, assim, a partir de nossos pré-juízos, a partir de uma determinada tradição.[6]

É essa tradição (hermenêutica) que aponta para o sentido da expressão "investigar". Embora o sentido hermenêutico dependa sempre de um dado contexto, isto é, de uma *applicatio*, é possível buscar no significado de base da expressão os indícios que apontam para a atribuição do sentido do que seja "investigar". Ou seja, muito embora o texto não carregue em-si-mesmo o seu sentido, pela simples razão de que a norma é sempre o produto da interpretação desse texto – e esta questão é muito cara à hermenêutica de matriz filosófica – há que se concordar com as críticas de Nelson Saldanha a tese de Friedrich Müller,[7] que, de certo modo, *separa* texto e norma, sem opor a *diferença* que existe entre ambos (texto e norma).

---

5 Cf. GADAMER, Hans-Georg. *Wahrheit und Methode. Grundzüge einer philosophischen Hermeneutik. I.* Tübingen: Mohr, 1990; e, também, *Wahrheit und Methode. Ergänzungen Register. Hermeneutik II.* Tübingen: Mohr, 1990.

6 Para uma melhor explicitação acerca da matéria, consultar STRECK, *Hermenêutica*, cit., em especial Capítulos 9 e segs.

7 Cf. MÜLLER, Friedrich. *Juristische Methodic, Füfte Auflage*. Berlin: Duncker & Humbolt, 1993; no mesmo sentido: GRAU, Eros. *La Doble Estruturación y la Interpretación del Derecho*. Barcelona: M.J. Bosch, SL, 1998.

Com efeito, Saldanha não concorda com a afirmação de Müller de que o texto da norma é apenas um "enunciado lingüístico":

> "todo texto é um enunciado lingüístico, mas nenhum texto é apenas isto: o texto de um poema se distingue de seu 'conteúdo', como ocorre com o de uma prece ou o de uma mensagem pessoal. *Mas em cada caso o texto está relacionado ao conteúdo: não se procuraria uma mensagem religiosa no texto de um livro de química, nem se buscaria um conteúdo poético no texto de um decreto. Os textos que integram o direito positivo contém a norma: são textos jurídicos e não contábeis, nem litúrgicos.* Não se 'chegaria' à norma *sem o texto dela*, nem com outro que não fosse jurídico. A distinção entre as palavras do texto e o conteúdo normativo não pode levar a uma negação da relação entre ambas as coisas".[8]

Assim, correto o professor pernambucano quando diz que os textos que integram o direito positivo contém já de pronto – e no mínimo – *a norma cujo sentido aponta para o fato de que tais textos são jurídicos e não qualquer outra coisa*. Ou seja, há um sentido que se antecipa e, portanto, é condição de possibilidade: antes de tudo, o texto é um texto

---

8 Cf. SALDANHA, Nelson. "Racionalismo Jurídico, Crise do Legalismo e Problemática da Norma". *Anuário dos Cursos de Pós-Graduação em Direito da UFPE*, nº 10. Recife: UFPE, 2000, p. 203 e segs. Ver também STRECK, Lenio Luiz. *Jurisdição*, op. cit., Capítulo 5.

jurídico! Em síntese, *texto e norma são coisas distintas, mas não separadas*, no sentido de que possam subsistir um sem o outro. Dessa arte, as expressões *"realizar diligências investigatórias"* não podem, jamais, significar o seu oposto. Ou seja, não pode significar que o Ministério Público "não" tem esse poder. O texto jurídico *"realizar diligências investigatórias"* contém uma norma mínima, que é a de investigar, significado que se pode atribuir a partir da tradição jurídico-lingüística.

Cai por terra, assim, e por quaisquer de suas fontes, o primeiro argumento, no sentido da falta de legitimação constitucional, bem assim de habilitação legal expressa, à realização de "diligências investigatórias" pelo Ministério Público. Tal atividade, parece-nos evidente, não se encerra e nem se faz unicamente possível no âmbito de um inquérito policial, como veremos no tópico seguinte.

3.3. Da inexistência de monopólio da Polícia para a realização de diligências investigatórias

O segundo óbice erguido contra a possibilidade de o Ministério Público exercer atividade investigatória para fins de persecução penal – o qual foi acolhido pela decisão sob comento – reveste-se de forte dose corporativa, pois busca fazer concentrar na Polícia o monopólio para a realização de toda e qualquer tarefa nesse sentido. Sem procedência, também.

Em essência, esteia-se tal argumentação no art. 144, § 1º, IV, da Constituição, o qual estabelece que compete à Polícia Federal "exercer, *com exclusividade*, as funções de polícia judiciária da União".

Logicamente, ao referir-se à *"exclusividade"* da Polícia Federal para exercer funções *"de polícia judiciária da*

União", o que fez a Constituição foi, tão-somente, delimitar as atribuições entre as diversas polícias (federal, rodoviária, ferroviária, civil e militar), razão pela qual reservou, para cada uma delas, um parágrafo dentro do mesmo art. 144. Daí por que, se alguma conclusão de caráter exclusivista pode-se retirar do dispositivo constitucional seria a de que não cabe à Polícia Civil *"apurar infrações penais contra a ordem política e social ou em detrimento de bens, serviços e interesses da União ou de suas entidades autárquicas e empresas públicas"* (art. 144, § 1º, I), pois que, no espectro da "polícia judiciária", tal atribuição está reservada à Polícia Federal.

Acaso concluíssemos distintamente, ou seja, no sentido do "monopólio investigativo" da Polícia, teríamos de enfrentar importantes indagações para as quais não visualizamos qualquer possibilidade de resposta coerente com a tese restritiva.

Por exemplo: *o que se passaria com as "diligências investigatórias" imprimidas pelos demais órgãos da administração (Poder Executivo)*, os quais, conquanto não ostentem, ao contrário do Ministério Público, finalidade dirigida à persecução penal, as realizam no escopo de fomentá-la? Bem assim, *o que ocorreria com as investigações criminais* – que existem em pluralidade – *levadas a efeito no âmbito dos Poderes Legislativo e Judiciário?* Vejamos.

3.3.1. Investigações no âmbito do Poder Executivo

É cediço que a *Receita Federal* realiza com alguma freqüência, no exercício de seu mister, não apenas diligências investigatórias como, também, operações que têm como móvel, tanto quanto a constituição de um auto de infração, a repressão a determinados delitos. São conhecidas, por exemplo, as "barreiras" montadas a reprimir o contrabando e o descaminho (art. 334 do CP). A própria "representação fiscal para fins penais" dirigida ao Ministério Público investe-se de conteúdo investigatório, bastando recordar que não raramente veicula informações atinentes a operações financeiras do contribuinte-investigado, as quais, visando a comprovar a materialidade do delito de sonegação fiscal (Lei 8.137/90), apenas logram ser obtidas no âmbito de um procedimento que, por haver sido conduzido pela Receita, chama-se "fiscal". Recorde-se, ademais, que a mesma Receita Federal dispõe, em cada região fiscal, de um "Escritório de Pesquisa e Inteligência" (ESPEI).

A seu turno, o *Banco Central* conta em sua estrutura com um "Departamento de Combate a Ilícitos Cambiais e Financeiros" (DECIF), órgão diretamente vinculado à sua Diretoria de Fiscalização (DIFIS). Também naquela esfera são efetuadas diligências que, para além de instruir o procedimento administrativo, terão como destinatário o Ministério Público, para que proceda criminalmente contra os investigados.

O *Conselho de Coordenação de Atividades Financeiras*, de igual forma, realiza, certo que a seu modo, atividade investigatória, o que faz atuando como "*órgão do Governo, responsável pela coordenação de ações voltadas ao combate à 'lavagem' de dinheiro*".[9]

---

9 Lê-se na própria página-web do órgão que "*o COAF é o órgão do Governo, responsável pela coordenação de ações voltadas ao combate à 'lavagem' de dinheiro e pelo recebimento das Comunicações de Operações Suspeitas, obrigatórias às pessoas citadas no art. 9º da Lei nº 9.613*" (www.fazenda.gov.br/coaf). Aludido órgão, isso é sintomático, foi criado pela própria lei (penal) que define os crimes de "lavagem de dinheiro" (Lei 9.613/98), cujo art. 14 dispôs que: "Art. 14. É criado, no âmbito do Ministério da Fazenda, o Conselho de Controle de Atividades Financeiras – COAF, com

Tais exemplos, os quais não esgotam o rol de agentes e instituições legitimados a realizar a apuração de fatos mediata ou imediatamente relacionados a infrações penais (sequer nos referimos à Corregedoria-Geral da União), deixam claro, e de forma inequívoca, a ausência de exclusividade da Polícia para a realização de tais "diligências investigatórias".

Embora até o momento tenhamos permanecido no território constitucional e na seara da lei complementar, recordemos o que diz o Código de Processo Penal, em seu art. 4º, parágrafo único:

> "Art. 4º. A polícia judiciária será exercida pelas autoridades policiais no território de suas respectivas circunscrições e terá por fim a apuração das infrações penais e da sua autoria.
> Parágrafo único – *A competência definida neste artigo não excluirá a de autoridades administrativas, a quem por lei seja cometida a mesma função*".

3.3.2. Investigações no âmbito do Poder Legislativo

No que respeita ao Poder Legislativo, observe-se o exemplo das *Comissões Parlamentares de Inquérito*, as quais, na dicção do art. 58, § 3º, da Constituição, têm "*poderes de investigação próprios das autoridades judiciais, além de outros previstos nos regimentos das respectivas Casas*".

---

a finalidade de disciplinar, aplicar penas administrativas, receber, examinar e identificar as ocorrências suspeitas de atividades ilícitas previstas nesta Lei, sem prejuízo da competência de outros órgãos e entidades".

Saliente-se, no particular, que jamais se considerou que a investigação de fatos delituosos figurasse como limitação material à instalação de CPIs.[10]

De mais a mais, atente-se aos poderes dessas Comissões, as quais se utilizam, como instrumental normativo de apoio à condução do inquérito parlamentar, do Código de Processo Penal (art. 36, parágrafo único, do Regimento Interno da Câmara dos Deputados).

Outrossim, o que dizer sobre o art. 269 do mesmo Regimento Interno da Câmara dos Deputados? O texto é do seguinte teor:

> "Art. 269. *Quando, nos edifícios da Câmara, for cometido algum delito, instaurar-se-á inquérito a ser presidido pelo diretor de serviços de segurança ou, se o indiciado ou o preso for membro da Casa, pelo Corregedor ou Corregedor substituto.*
> § 1º – Serão observados, no inquérito, o Código de Processo Penal e os regulamentos policiais do Distrito Federal, no que lhe forem aplicáveis.

---

10 É exemplificativa a situação ocorrida não faz muito, em que um Senador da República declarou que instalaria uma CPI para apurar "*os crimes praticados pelo Poder Judiciário*" (*sic*). E a comissão foi instalada. Mais recentemente foi criada uma comissão mista para investigar delitos de evasão de divisas. Veja-se: "*Agência Senado,* Instalada CPMI do caso BANESTADO: *A Comissão Parlamentar Mista de Inquérito (CPMI) destinada a investigar a remessa ilegal de dólares no chamado caso Banestado foi instalada nesta quarta-feira (18/06/2003), no início da tarde, em reunião presidida pelo senador Romeu Tuma (PFL-SP)*" (informação colhida da página-web www.senado.gov.br, em 18.06.2003).

§ 2º – A Câmara poderá solicitar a cooperação técnica de órgãos policiais especializados ou requisitar servidores de seus quadros para auxiliar na realização do inquérito.
§ 3º – Servirá de escrivão funcionário estável da Câmara, designado pela autoridade que presidir o inquérito.
§ 4º – O inquérito será enviado, após a sua conclusão, à autoridade judiciária competente.
§ 5º – Em caso de flagrante de crime inafiançável, realizar-se-á a prisão do agente da infração, que será entregue com o auto respectivo à autoridade judicial competente, ou, no caso de parlamentar, ao Presidente da Câmara, atendendo-se, nesta hipótese, ao prescrito nos arts. 250 e 251".

3.3.3. Investigações no âmbito do Poder Judiciário

Quanto ao *Poder Judiciário*, caberia rememorar que compete a ele próprio – e jamais à Polícia – a investigação de magistrados envolvidos em práticas criminosas. Assim dispõe o art. 33 da Lei Complementar 35/79 (Lei Orgânica Nacional da Magistratura):

"Art. 33 – São prerrogativas do magistrado:
II – não ser preso senão por ordem escrita do Tribunal ou do órgão especial competente para o julgamento, salvo em flagrante de crime inafiançável, caso em que a autoridade fará imediata comunicação e apresentação do magistrado ao Presidente do Tribunal a que esteja vinculado (vetado);

Parágrafo único – *Quando, no curso de investigação, houver indício da prática de crime por parte do magistrado, a autoridade policial, civil ou militar, remeterá os respectivos autos ao Tribunal ou órgão especial competente para o julgamento, a fim de que prossiga na investigação*".

Tratando-se de membro do *Ministério Público* da União, a situação, *mutatis mutandis*, não é diferente. Segundo a Lei Complementar 75/93:

"Art. 18. São prerrogativas dos membros do Ministério Público da União:
II – processuais:
f) não ser indiciado em inquérito policial, observado o disposto no parágrafo único deste artigo;
Parágrafo único – *Quando, no curso de investigação, houver indício da prática de infração penal por membro do Ministério Público da União, a autoridade policial, civil ou militar, remeterá imediatamente os autos ao Procurador-Geral da República, que designará membro do Ministério Público para prosseguimento da apuração do fato*".[11]

---

11 No particular, note-se que a ADEPOL – Associação dos Delegados de Polícia do Brasil – argüiu, sem sucesso, a inconstitucionalidade destes dispositivos relacionados ao Ministério Público: *Informativo do STF nº 119: Ministério Público*. Indeferida liminar requerida pela ADEPOL – Associação dos Delegados de Polícia do Brasil, em ação direta ajuizada contra os arts. 26, I, da Lei Orgânica do Ministério Público dos Estados (Lei 8.625/93) – na parte em que confere

Bem assim, atente-se ao que prescreve o art. 43 do Regimento Interno do próprio Supremo Tribunal Federal:

"Art. 43. Ocorrendo *infração à lei penal na sede ou dependência do Tribunal, o Presidente instaurará inquérito*, se envolver autoridade ou pessoa sujeita à sua jurisdição, ou delegará esta atribuição a outro Ministro.

§ 1º – Nos demais casos, o Presidente poderá proceder na forma deste artigo ou requisitar a instauração de inquérito à autoridade competente.

§ 2º – O Ministro incumbido do inquérito designará escrivão dentre os servidores do Tribunal".

Em que pese a legitimação dessas diversas instituições de Estado para a condução de diligências investigatórias – algumas delas com o exclusivo propósito de subsidiar a persecução penal – jamais haver sido questionada, a decisão sob

---

ao MP, no exercício de suas funções, o poder de instaurar inquéritos e *"outras medidas e procedimentos pertinentes"* –, e arts. 10 e 18, *f*, II, e parágrafo único, da LC 75/93, que estabelecem, sucessivamente, a obrigatoriedade de comunicação imediata ao MP competente da prisão de qualquer pessoa por parte de autoridade federal, do Distrito Federal ou Territórios; e a prerrogativa dos membros do MP da União de não serem indiciados em inquérito policial, ressalvada, caso haja indício da prática de infração penal, a apuração dos fatos por membro do próprio MP designado pelo Procurador-Geral da República. O Tribunal entendeu que a tese sustentada pelo autor da ação não teria a densidade necessária para justificar a suspensão cautelar dos dispositivos impugnados. ADIn 1.142-DF, Rel. Min. Carlos Velloso, 14.02.96 (posteriormente, por decisão monocrática, foi negado seguimento à ADIn).

comento parece ter seguido linha oposta, no sentido do monopólio da Polícia para a condução não apenas de inquérito policial, mas também de "diligências investigatórias", ainda que não tenha se remetido à norma constitucional antes mencionada.

3.3.4. O Supremo Tribunal Federal depois do RHC 81.326-DF e o reconhecimento acerca da não-exclusividade da investigação policial: avanço ou recuo?

Como já visto e segundo noticiado, a decisão no RHC 81.326-DF deu ênfase à exclusividade da Polícia, em face de sua "legitimidade histórica", para a condução de diligências investigatórias. Com efeito, vale reprisar parte da decisão nesse sentido. Consta na transcrição de voto oferecida pelo Informativo do STF nº 314:

> "A legitimidade histórica para condução do inquérito policial e realização das diligências investigatórias, é de atribuição exclusiva da polícia. Nesse sentido, leio em Espínola Filho: "(...) a investigação da existência do delito e o descobrimento de vários participantes de tais fatos, reunindo os elementos que podem dar a convicção da responsabilidade, ou irresponsabilidade dos mesmos, com a circunstância, ainda, de somente nessa fase se poderem efetivar algumas diligências de atribuição exclusiva da polícia (...).
> Com essa orientação, há precedente de NELSON HUNGRIA, neste Tribunal (RHC 34.827). Leio, em seu Voto: 'o Código de Processo Penal (...) não autoriza, sob qualquer pretexto, semelhante deslo-

cação da competência, ou seja, a substituição da autoridade policial pela judiciária e membro do M.P. na investigação do crime' (...)".

Agora, veja-se. Não se admitir, "*sob qualquer pretexto*", a "*substituição da autoridade policial pela judiciária e membro do MP*" implicaria reconhecer que *sob nenhuma hipótese* poderia haver qualquer espécie de investigação criminal no âmbito do Poder Judiciário ou do Ministério Público.

A vingar tal entendimento, tornar-se-ia de difícil sustentação lógica – e jurídica, em seu contexto – a seguinte decisão, assumida pela mesma Segunda Turma pouco mais de um mês após a prolação da decisão que ora comentamos:

> "*17/06/2003 – 17:12 – 2ª Turma nega HC a juíza federal investigada por suposta adulteração de placa de veículo.* A Segunda Turma do Supremo Tribunal Federal indeferiu hoje (17/6) pedido de Habeas Corpus da juíza federal A. P. de S., do Tribunal Regional Federal da 3ª Região (SP). Os ministros, por unanimidade, também cassaram a liminar que anteriormente havia suspendido o *inquérito judicial*, o qual investiga a suposta prática pela magistrada do crime de adulteração de sinal identificador de placa de veículo automotor" (grifo nosso, assim como a supressão do nome da paciente).[12]

Como de singela observação, a decisão logo acima, em acertada obediência aos ditames da Lei Complementar 35/79,

---

12 Fonte: página-web do Supremo Tribunal Federal (www.stf.gov.br).

admite a prática do inquérito "judicial". Todavia, ao fazê-lo, entra em rota frontal de colisão com o fundamento utilizado para sustentar a decisão restritiva prolatada no RHC 81.326-DF, segundo a qual "*a realização das diligências investigatórias é de atribuição exclusiva da polícia*", de sorte a não caber, "*sob qualquer pretexto, a substituição da autoridade policial pela judiciária e membro do MP na investigação do crime*".

Em síntese: acometer à Polícia, por quaisquer das fundamentações utilizadas, o monopólio para a realização de toda e qualquer "diligência investigatória", é decisão que teria, por todas as formas, efeitos graves:

a) se tomada com base na norma constitucional ventilada (art. 144, § 1º, IV) implicaria, por razões lógicas e jurídicas, o reconhecimento da inconstitucionalidade dos dispositivos legais acima referidos que conferem poderes investigatórios a outros órgãos e Poderes de Estado, porquanto estariam em contraste (na interpretação que se lhe pretende conferir) com o próprio art. 144 da Constituição;

b) de outro turno, acometer tal exclusividade à Polícia simplesmente com base no precedente invocado, em sua "legitimidade histórica" ou mesmo em projetos de lei ou propostas de emenda não aprovados, significaria negar vigência aos mesmos dispositivos de lei acima referidos, reduzindo "a zero" sua normatividade.

A questão, enfim, ao que tudo indica, receberá solução por parte do Supremo Tribunal Federal quando da conclusão do julgamento do Inquérito 1.968-DF, no qual a matéria está sendo reapreciada, desta feita, pelo Plenário da Corte.

Aportes Finais

A BUSCA DE (NOVAS) DEFINIÇÕES. A NECESSIDADE DE SUPERAÇÃO DA TRADIÇÃO

I – Lembra Ortega y Gasset que "a tradição afoga-nos com uma avalancha de questões acumuladas, onde vêm confundidas as substanciais com as fictícias". Estarmos inseridos na tradição significa dizer que estamos no mundo a partir de nossos pré-juízos, e nos expressamos a partir de nossa condição de ser-no-mundo. *Daí a necessidade de que suspendamos nossos pré-juízos, deixando o novo vir à presença,* isto porque *toda experiência é confronto*, alerta Gadamer, já que "ela opõe o novo ao antigo, e, em princípio, *nunca se sabe se o novo prevalecerá*, quer dizer, tornar-se-á verdadeiramente uma experiência, ou se o antigo, costumeiro e previsível, reconquistará finalmente a sua consistência. Sabemos que, mesmo nas ciências empíricas, como Kuhn em particular o demonstrou, os conhecimentos novamente estabelecidos encontram resistências e na verdade permanecem por muito tempo ocultos pelo 'paradigma' dominante. *O mesmo ocorre fundamentalmente com toda experiência. Ela precisa triunfar sobre a tradição sob pena de fracassar por causa* dela. *O novo deixaria de sê-lo se não tivesse que se afirmar contra alguma coisa.*" É neste contexto que se inserem as presentes reflexões: procurar indagar acerca das condições de possibilidade de o novo (paradigma do Estado Democrático de Direito e seus reflexos especialmente no papel a ser desenvolvido pelo Poder Judiciário e pelo Ministério Público) *triunfar sobre a tradição, calcada em um Direito de nítido cariz liberal-individualista.*

II – Com efeito, como bem afirma João Baptista Machado, o princípio do Estado de Direito não exige apenas a garantia da defesa de direitos e liberdades contra o Estado: *exige também a defesa dos mesmos contra quaisquer poderes sociais de fato* (onde, acrescentamos, podem ser facilmente enquadradas as diversas formas de criminalidade e macrocriminalidade). Desse modo, ainda com o pensador português, é possível dizer que *a idéia de Estado de Direito demite-se da sua função quando se abstém de recorrer aos meios preventivos e repressivos que se mostrem indispensáveis à tutela da segurança, dos direitos e liberdades dos cidadãos.*[1]

III – Parece não restar qualquer dúvida que a Constituição de 1988 representa uma ruptura paradigmática em nosso País. Trata-se de uma Constituição que se alinha na contemporânea tradição das constituições dirigentes e compromissárias, estabelecendo em seu texto – e em sua principiologia – os mecanismos aptos ao resgate das promessas da modernidade insculpidas no seu núcleo político essencial, que aponta para a construção de um Estado Social e Democrático de Di-

---

1   Cf. MACHADO, João Baptista. *Introdução ao Direito e ao Discurso Legitimador*. Coimbra: Almedina, 2000.

reito. É desses mecanismos que o Estado – e as Instituições encarregadas constitucionalmente da consecução desse desiderato – não pode abrir mão, sob pena de "demitir-se de sua função precípua", para recorrer às palavras de Baptista Machado referidas anteriormente.

IV – Entretanto, textos jurídicos, considerados em-si-mesmos, pouco ou nada significam. Textos descontextualizados historicamente nada (as)seguram. A experiência ensina – diz Ferrajoli – que "nenhuma garantia jurídica pode reger-se exclusivamente por normas; que nenhum direito fundamental pode concretamente sobreviver se não é apoiado pela luta por sua atuação da parte de quem é seu titular e pela solidariedade com esta, de forças políticas e sociais; que, em suma, um sistema jurídico, porquanto tecnicamente perfeito, não pode por si só garantir nada. Contrariamente, escreveu Vittorio Emanuele Orlando, 'nenhuma pessoa de bom senso crerá que uma simples mudança de uma ou mais leis poderia bastar para que o cidadão inglês do século XX venha a encontrar-se, em face de seu soberano, na mesma condição dos súditos do imperador de Uganda'".[2]

V – Assim, de nada adianta todo o arcabouço jurídico-constitucional, forjado a partir do processo constituinte de 1986-88, apontar para um Estado Democrático de Direito, que traz ínsito um *plus* normativo, superador das concepções anteriores de Direito e de Estado (Liberal e Social), *se, no conjunto das práticas dos juristas, não se constituir um substrato político, material e cultural, apto a concretizar essa normatividade.* Trata-se, pois, de uma questão recorrente, re-

---

2 Cf. FERRAJOLI, Luigi. *Direito e Razão. Teoria do Garantismo Penal*, São Paulo: Revista dos Tribunais, 2002, p. 753.

presentada pela discussão da crise de paradigmas: *é preciso triunfar sobre a tradição sob pena de fracassarmos por causa dela!*

VI – É nesse contexto que entendemos que a decisão lançada pelo Supremo Tribunal Federal no âmbito do RHC 81.326-DF não se coaduna com o conjunto de princípios e normas que constituem o arcabouço constitucional brasileiro.[3] Antes disso, parece atender a outras determinantes, mais aproximadas a razões de natureza política (em sentido *lato*).

VII – Deveras, são conhecidos os conflitos gerados entre Polícia e Ministério Público a partir do reconhecimento normativo de que também este órgão teria poderes para efetuar diligências investigatórias.[4] Chegou-se a falar em "inva-

---

3 A propósito, o Supremo Tribunal Federal terá a oportunidade de enfrentar a questão com caráter de definitividade, isso porque, calcado na decisão proferida nos autos do RHC 81.326-DF, ora sob comento, o PL – Partido Liberal, em data de 22.07.03, ingressou com ação direta de inconstitucionalidade (ADIn 2.943), questionando, à exaustão, a função investigatória do Ministério Público.

4 É cediço que essa refração institucional partida de setores da Polícia em muito relaciona-se à função de controle externo da atividade policial, constitucionalmente acometida ao Ministério Público em 1988 (art. 129, VII, da CRFB). Conquanto alçada ao plano constitucional, e afirmada legislativamente (arts. 3°, 9° e 10 da LC 75/93), a alegada ausência de um maior "detalhismo legislativo" – de resto desnecessário – fez irromper um sem número de incidentes que se verificaram no contato interinstitucional, circunstância que vem impedindo, até os dias atuais, o efetivo exercício dessa função institucional do Ministério Público. Controle externo, cabe reiterar, não rivaliza – como se pretendeu fazer crer – com controle interno. Fazendo-se certo que o Ministério Público, sob essa específica função institucional, não haveria de imiscuir-se em questões de índole estritamente administrativas da Polícia (pelas quais ela responde

são" de atribuições ou mesmo "usurpação" (*sic*) de funções da Polícia por parte do Ministério Público. Afastadas metáforas ou hipérboles que em nada contribuem ao alcance de uma solução racional – até porque problemas corporativos têm sede distinta, que não a judiciária, para sua resolução –, não podemos negar o óbvio: é possível que em determinados ca-

---

perante órgãos superiores da Administração), é inegável que, quanto ao mais, o controle deve existir. Sua *ratio* está voltada para a atividade-fim do órgão policial. Tal circunstância, todavia, não se demonstra impeditiva a que o Ministério Público investigue – sem o que o controle seria inócuo e retórico – a atividade policial. Atente-se: a função para a qual o Ministério Público está constitucionalmente legitimado é exatamente essa: o *controle da atividade policial*, sendo que o caráter "externo" nominalmente acometido a essa função diz respeito ao lógico fato de que tal controle haveria de se realizar por um *órgão externo* à Polícia; em nosso modelo político-constitucional esse órgão é o Ministério Público. Toda a atividade-fim da Polícia submete-se, pois, a controle pelo Ministério Público. Essa é, aliás, a dicção do art. 9º, II, da LC 75/93, ao explicitar que o Ministério Público poderá "*ter acesso a quaisquer documentos relativos à atividade-fim policial*". O objetivo dessa função acometida ao Ministério Público é cristalino, tendo ficado bem delineado na Mensagem nº 002, de 31 de março de 1989, do então Procurador-Geral da República (Sepúlveda Pertence), dirigida ao Congresso Nacional por ocasião da remessa do projeto da Lei Orgânica do Ministério Público. Afirmava, na oportunidade, Sua Excelência: "Entre as importantes inovações decorrentes da Constituição está o cometimento ao Ministério Público do controle externo da atividade policial, ao qual o projeto buscou dotar de mecanismos adequados para assegurar, de um lado, *a indisponibilidade da persecução penal* e, de outro, *a prevenção ou a correção da ilegalidade ou do abuso de poder*". Esse desiderato encontra-se normatizado. De acordo com o art. 3º da LC 75/93 "O Ministério Público exercerá o controle externo da atividade policial tendo em vista: a) o respeito aos fundamentos do Estado Democrático de Disos tenhamos, a partir da co-legitimação de órgãos de Estado, uma duplicidade investigações.[5]

VIII – Pois o problema reside exatamente neste ponto: consiste em estabelecermos um espaço teórico-discursivo dentro do qual possamos concluir se, da possibilidade de verificar-se tal situação, deveremos ter, como *solução de gênero*, a ab-rogação das prerrogativas investigatórias do Ministério Público (conclusão a que chega a decisão prolatada no RHC 81.326-DF) ou, diversamente, se eventual "excesso" por parte deste ou daquele órgão no exercício de suas atribuições não estaria a melhor comportar uma análise concreta (caso a caso) acerca de sua ocorrência, abrindo caminho, pois, a uma *solução de espécie*.

IX – A lógica que impera sobre o sistema aponta para a segunda hipótese. Ora, existindo mecanismos ágeis e eficazes des-

---

reito, aos objetivos fundamentais da República Federativa do Brasil, aos princípios informadores das relações internacionais, bem como aos direitos assegurados na Constituição Federal e na lei; b) a preservação da ordem pública, da incolumidade das pessoas e do patrimônio público; c) *a prevenção e a correção de ilegalidade ou de abuso de poder*; d) *a indisponibilidade da persecução penal*; e) a competência dos órgãos incumbidos da segurança pública".

---

5 Observe-se que a duplicidade de investigações não pode ser considerada, em si, como um problema que deva redundar na anulação – ou paralisação – de uma delas. Tal hipótese é de comum ocorrência quando temos em andamento uma CPI no Congresso Nacional voltada à investigação de fato revestido de densidade delituosa. São vários os casos hoje em dia em que se verifica essa situação. Em tal situação tramitam, em paralelo – de forma independente, mas sem prejuízo de uma retroalimentação de dados – um inquérito parlamentar e um inquérito policial, sem que até hoje objeção alguma tenha sido ofertada a essa convivência de investigações.

tinados à correção de abusos muitas vezes imputados aos agentes do Ministério Público – certamente não em maior número que aqueles imputados à própria Polícia –, e o hábeas corpus e o mandado de segurança são os exemplos mais eloqüentes, o que não parece razoável é abortar-se *ab initio* a investigação criminal, concluindo-se pela invalidação de diligências investigatórias pelo exclusivo fato de haverem sido realizadas pelo Ministério Público, nada obstante sua inquestionável base normativa e o interesse público que desponta dessa atividade.

X – Considere-se, ainda, que a investigação criminal exercida pelo Ministério Público não se consubstancia como uma *regra geral*. Melhor seria dizê-la confortada no plano da *necessidade circunstancial*. No mais das vezes, seu desencadeamento decorre ou da inconveniência casuística da instauração de um procedimento amplo como o inquérito policial ou mesmo da omissão da Polícia na investigação de determinados delitos, notadamente quando envolvidos agentes policiais.[6-7] É dizer, a seletividade que a informa é uma seletividade racionalmente fundamentada.

XI – O que aqui se preconiza, enfim, não é um "Ministério Público-policial", a dar ensejo à figura de um procura-

---

6   Estatística aproximativa atribuída ao Diretor-Geral da Polícia Federal, Paulo Lacerda: *Estimativa de corruptos*. Lacerda disse que a prisão de quadrilhas nas quais há o envolvimento e até o comando de policiais não significa que a corrupção esteja generalizada em todas as polícias. *"Você tem 10% de policiais altamente corruptos, outros 10% que ficam indignados e os 80% restantes são omissos, o que dá a idéia de que a corrupção é generalizada. Mas não é"*, afirmou o diretor-geral. Folha de São Paulo, 04.06.2003, retirado de www1.folha.uol.com.br/folha/cotidiano/ult95u76179.shtml.

7   Obviamente, corrupção e omissão não são – a exemplo do desempenho de diligências investigatórias – exclusividade da Polícia, po-

dor/promotor "investigador por excelência"; quanto menos um Estado *"big brother"*, *panóptico* ante os meios social e individual. Sustenta-se, isto sim, com substrato na Constituição e na legislação vigente (e válida), a destruição de dogmas que apenas servem para alimentar feudos corporativos há muito inexistentes no Direito comparado.

XII – Nesse sentido, curioso notar-se que ao revés do que se passa no Brasil, na Europa processa-se fenômeno nitidamente distinto. Sofrida pelo terrorismo e – em alguns países mais que em outros – pela corrupção política, bem assim temerosa em relação à danosidade decorrente da criminalidade econômica (muito especialmente em face do delito de "lavagem de dinheiro", a exigir tratamento uniforme no âmbito comunitário), já se fala, naquela ordem de domínio, em prin-

---

dendo-se encontrá-las em qualquer setor da atividade pública ou privada, inclusive no Poder Judiciário e no Ministério Público. Todavia, tal conclusão apenas vem a confortar o raciocínio aqui exposto, no sentido da inexistência – e também da inconveniência – de monopólio de uma única instituição para a realização de toda e qualquer diligência investigatória. A necessidade de estabelecer-se alguma espécie de controle sobre o Ministério Público e o Poder Judiciário parece-nos, particularmente, de uma conveniência inarredável, a qual, entretanto, não influi na análise da legitimidade desses órgãos para a realização de suas funções, razão pela qual refogem ao objeto deste estudo. Lembre-se, apenas, que sobre a atuação funcional do Ministério Público já pesa uma forte hipótese de controle particular (ou mesmo social), inexistente sobre outros órgãos e Poderes. Muito embora em seu art. 129, I, a Constituição disponha competir ao Ministério Público *"promover, privativamente, a ação penal pública"*, a mesma Constituição estabelece, em seu art. 5º, LIX, que *"será admitida ação privada nos crimes de ação pública, se esta não for intentada no prazo legal"* (ação penal privada subsidiária da pública).

cípio da *universalização* da investigação, inclusive mediante a criação de organismos supranacionais ao desempenho de tal atividade, concêntricos e mais amplos em relação aos que já existem no âmbito interno de cada nação. Considerado o nível de democracia atingido pelo modelo político europeu, tudo o que não se poderia fazer seria acoimá-lo de retrógrado.

XIII – No caso do Brasil, rigorosamente nada – nem jurídica, nem política, nem pragmaticamente – justifica a concentração da atividade investigatória nas mãos de um só órgão de Estado, ainda que a este se atribua, com primazia, o exercício de tal função.

XIV – O essencial, repetimos, é que existam mecanismos hábeis à efetivação de um controle sobre as diligências investigatórias conduzidas pelo Ministério Público. Em existindo, como de fato existem, tais estruturas de controle – ressalte-se, com proeminência, o controle jurisdicional –, elevadas razões jurídicas (art. 129, I e IX, da CRFB, c/c arts. 8º, V, da LC 75/93, 26, da Lei 8.625/93, e 4º, parágrafo único, do CPP), bem como o interesse público inerente à atividade investigatória, estão a justificar a sua realização pelo Ministério Público.

XV – Numa palavra: é preciso ter claro que a discussão acerca do alcance da dicção do comando constitucional que aponta para a legitimidade de o Ministério Público realizar diligências investigatórias em matéria criminal não prescinde de uma análise do conjunto principiológico da Constituição, compreendida a partir da revolução copernicana[8] que atravessou o Direito Constitucional no segundo pós-guerra, e

---

8   Na feliz assertiva de Jorge Miranda, o Direito Público passou por uma revolução *copernicana,* ou seja, a passagem de uma fase em que as normas constitucionais dependiam da *interpositio legislato-*

que deixou marcas indeléveis nas democracias contemporâneas. Todo Estado de Direito passa a ser compreendido como Estado Constitucional, isto porque este é mais do que aquele. A Constituição passa a ser o estatuto jurídico do político. Mais do que isto, a Constituição constitui-se em remédio contra maiorias. Nesse contexto, torna-se necessário ter presente as alterações ocorridas no perfil do Estado e – naquilo que mais nos interessa neste debate – do Direito Penal, questões que se refletem no Poder Judiciário e especialmente no Ministério Público.

XVI – A matéria merece, pois, um banho de imersão constitucional. E isto implica superar paradigmas. Não é mais possível sustentar uma tradição assentada nos modelos investigativos que remontam à década de 40 do século passado. Naquele modelo, estava-se diante de um Estado autoritário, em que o Poder Judiciário e o Ministério Público longe estavam de qualquer autonomia e independência frente aos demais poderes. Afinal, ao Estado interessava o combate aos

---

ris a uma fase em que se aplicam (ou são suscetíveis de se aplicar) diretamente nas situações de vida. Desse processo de ruptura paradigmática não resultou apenas mudanças do regime político ou da idéia de Constituição. Resultou, sobretudo, no aparecimento de uma justiça constitucional, como tal estruturada e legitimada. Por isso, assevera o mestre português, não bastam proclamações como as do art. 1º, nº 3, da Lei Fundamental da Alemanha, do art. 18º da Constituição de Portugal, do art. 53º, nº 1, da Constituição da Espanha ou do art. 5º, §1º, da Constituição brasileira para assegurar a força normativa dos preceitos constitucionais. Sem a justiça constitucional, o princípio da constitucionalidade fica sem tradução prática. Cf. MIRANDA, Jorge. Apreciação da dissertação de doutoramento de Rui Medeiros. *Direito e Justiça*. Vol. XIII, 1999, Tomo 2. Separata. Lisboa: Universidade Católica, 1999.

delitos de índole inter-individual, com nítida preponderância aos crimes contra o patrimônio privado. Esse quadro – agravado por mais de duas décadas de ditadura militar – somente recebe novos contornos em 1988, quando o Brasil ingressa no universo dos países que adotaram o modelo de Constituição dirigente e compromissário, plasmando, no seu texto, instituições e mecanismos aptos a implementar direitos historicamente sonegados à Sociedade.

XVII – Daí o alerta de Canotilho, que chama a atenção para o fato de que a iluminação de muitos problemas jurídico-constitucionais carece (ainda) de um *background* explicativo e justificativo que só pode ser fornecido por uma reflexão teórica sobre o próprio Direito Constitucional. Não é possível, por exemplo, discutir o conceito de Constituição sem se falar em "teorias da Constituição". Seria metodologicamente empobrecedora uma análise dos direitos fundamentais sem uma exposição das "teorias dos direitos fundamentais". No mesmo sentido, aduz o mestre coimbrano, abordar o princípio democrático sem o suporte teórico das "teorias da democracia". Sem as teorias de Newton não se teria chegado à Lua – assim o diz e demonstra Sagan; sem o húmus teórico, o Direito Constitucional dificilmente passará de vegetação rasteira, ao sabor dos "ventos", dos "muros" e da eficácia.[9]

Do mesmo modo, não é possível analisar o texto constitucional – naquilo que diz respeito à atuação do Ministério Público no combate à criminalidade – sem recorrer às teorias do Estado e do Direito, ínsitas à qualquer teoria da Constituição. Conseqüentemente, *toda e qualquer interpretação acer-*

---

9 Cf. CANOTILHO, J. J. Gomes. *Direito Constitucional e Teoria da Constituição*. 4ª ed. Coimbra: Almedina, 2000, p. 18.

ca da função investigatória do Ministério Público deve ser feita com os olhos voltados àquilo que o constitucionalismo contemporâneo nos legou: um Direito e um Estado com novos perfis. Ou seja, os modelos de Estado e de Direito da década de 40, que forjaram a tradição de "legitimidade investigatória policial", são absolutamente discrepantes dos atuais modelos jurídico-estatais. O processo constituinte de 1986-88, que complementa a transição do regime autoritário ao regime democrático, passa a ser um marco interruptivo nesse modelo de investigação policial e de direito processual penal. *Por isto, a problemática relacionada à função investigativa do Ministério Público assume um viés nitidamente constitucional.* Fazer o contrário é reduzir o problema ao plano (inferior) da infraconstitucionalidade. É como se, em vez de interpretarmos as leis em conformidade com a Constituição, passássemos a interpretar a Constituição em conformidade com as leis e, quiçá, com leis anteriores à Constituição, o que implicaria fazer uma leitura inconstitucional da própria Constituição!

Bibliografia

ALEXY, Robert. "Los Derechos Fundamentales en el Estado Constitucional Democrático". *In*: CARBONELL, Miguel. *Neoconstitucionalimo(s)*. Madrid: Trotta, 2003.

BARATTA, Alessandro. "La Política Criminal y el Derecho Penal de la Constitución: Nuevas Reflexiones Sobre el Modelo Integrado de las Ciencias Penales". *Revista de la Facultad de Derecho de la Universidad de Granada*, nº 2, 1999.

BARROSO, Luís Roberto. "Neoconstitucionalismo e Constitucionalização do Direito (O Triunfo Tardio do Direito Constitucional no Brasil)". *Revista Interesse Público*, ano 7, nº 33, set./out. de 2005, Porto Alegre: Notadez, pp. 13-54.

BITENCOURT, Cezar Roberto. "Princípios Garantistas e a Delinqüência do Colarinho Branco". *Revista Brasileira de Ciências Criminais*, a. 3, v. 11, São Paulo, 1995.

BRICOLA, Franco. "Teoria Generale del Reato". *Novíssimo Digesto Italiano*, XIX, Torinense, 1977.

CANOTILHO, J. J. Gomes. *Direito Constitucional e Teoria da Constituição*. 4ª ed. Coimbra: Almedina, 2000.

CARBONELL MATEU, Juan Carlos. *Derecho Penal: Concepto y Princípios Constitucionales*. 3ª ed. Valencia: Tirant lo Blanch Alternativa, 1999.

CLÉVE, Clémerson Merlin. *Investigação Criminal e Ministério Público*, Jus Navigandi, Teresina, ano 8, número 450, 30 set. 2004. Disponível em: http://www1.jus.com.br/doutrina/texto.asp?id=5760. Acesso em 30 set. 2004.

COPETTI, André. *Direito Penal e Estado Democrático de Direito*. Porto Alegre: Livraria do Advogado, 2000.

CUNHA, Maria da Conceição Ferreira da. *Constituição e Crime: Uma Perspectiva da Criminalização e da Descriminalização*. Porto: Universidade Católica Portuguesa, 1995.

DIAS, Jorge Figueiredo. "Direito Penal e Estado-de-Direito Material". *Revista de Direito Penal e Criminologia*. Rio de Janeiro: Forense, v. 31, 1981.

DI FEDERICO, Giuseppe. "La Independencia del Ministerio Fiscal y el Principio Democrático de la Responsabilidad en Italia: análisis de un caso anómalo desde una perspectiva comparada". *Revista del Poder Judicial*, nº 48, Madrid, 1997.

DONINI, Massimo. "Un Derecho Penal Fundado en la Carta Constitucional: Razones y Límites. La Experiencia Italiana". *Revista Penal*, nº 8, 2001.

FELDENS, Luciano. *A Constituição Penal – A Dupla Face da Proporcionalidade no Controle de Normas Penais*, Porto Alegre: Livraria do Advogado, 2005.

_____. *Tutela Penal de Interesses Difusos e Crimes do Colarinho Branco: por uma relegitimação da atuação do Ministério Público – uma investigação à luz dos valores constitucionais*. Porto Alegre: Livraria do Advogado, 2002.

_____. "O Poder Requisitório do Ministério Público e a Inoponibilidade da Exceção de Sigilo". *Boletim Científico*, a. 2, nº 7, abr./jun., Brasília: Escola Superior do Ministério Público da União, 2003.

_____. "Mandatos Constitucionales de Criminalización". Valladolid/Espanha: Facultad de Derecho, Inédito, 2003.

FERRAJOLI, Luigi. *Direito e Razão. Teoria do Garantismo Penal*. São Paulo: Revista dos Tribunais, 2002.

FERREIRA, Aurélio Buarque de Holanda. *Dicionário Aurélio Eletrônico. Século XXI*. Lexicon Informática Ltda., 1999.

GADAMER, Hans-Georg. *Wahrheit und Methode. Grundzüge einer philosophischen Hermeneutik. I.* Tübingen: Mohr, 1990.

_____. *Wahrheit und Methode. Ergänzungen Register. Hermeneutik II*. Tübingen: Mohr, 1990.

GRAU, Eros Roberto. "A Jurisprudência dos Interesses e a Interpretação do Direito". *In*: ADEODATO, João Maurício (Org.). *Jhering e o Direito no Brasil*. Recife, Universitária, 1996.

_____. *La Doble Estruturación y la Interpretación del Derecho*. Barcelona: M.J. Bosch, SL, 1998.

GRONDIN, Jean. *Introdução à hermenêutica filosófica*. Trad. de Benno Dischinger. São Leopoldo: Unisinos, 1999.

HERNANDEZ GIL, Antonio. "La Justicia en la Concepción del Derecho Según la Constitución Española". *In*: *División de Poderes e Interpretacion. Hacia una teoria de la prazis constitucional*. Edicion e prologo de Antonio Lopez Pina. Madrid: Tecnos, 1987.

HESSE, Konrad. *Escritos de Derecho Constitucional*. Madrid: Centro de Estudios Constitucionales, 1983.

HUNGRIA, Nelson. *Comentários ao Código Penal*, v. I, t. I. Rio de Janeiro: Forense, 1980.

KYMLICKA, Will. *Filosofia Política Contemporânea. Una Introducción*. Barcelona: Ariel, 1995.

MACHADO, João Baptista. *Introdução ao Direito e ao Discurso Legitimador*. Coimbra: Almedina, 2000.

MARINUCCI, Giorgio; DOLCINI, Emilio. Derecho Penal Mínimo y Nuevas Formas de Criminalidad. *Revista de Derecho Penal y Criminología*, 2ª época, nº 9, 2002.

MIRANDA, Jorge. Apreciação da dissertação de doutoramento de Rui Medeiros. *Direito e Justiça*, vol. XIII, 1999, tomo 2, Separata, Lisboa: Universidade Católica, 1999.

MORAIS, José Luis Bolzan de. *Do Direito Social aos Interesses Transindividuais*. Porto Alegre: Livraria do Advogado, 1996.

MÜLLER, Friedrich. *Métodos de Trabalho do Direito Constitucional*. Porto Alegre: Síntese, 1999.

_____. *Juristische Methodic, Füfte Auflage*. Berlin: Duncker & Humbolt, 1993.

PALAZZO, Francesco C. *Valores Constitucionais e Direito Penal*. Tradução de Gerson Pereira dos Santos. Porto Alegre: Fabris, 1989.

PRADO, Geraldo. *Sistema Acusatório – A Conformidade Constitucional das Leis Processuais Penais*. 3ª ed. Rio de Janeiro: Lumen Juris, 2005.

SALDANHA, Nelson. "Racionalismo Jurídico, Crise do Legalismo e Problemática da Norma". *Anuário dos Cursos de Pós-Graduação em Direito da UFPE*, nº 10, Recife: UFPE, 2000.

SCHÜNEMANN, Bernd. *Temas Actuales y Permanentes del Derecho Penal Después del Milenio*. Madrid: Technos, 2002.

STRECK, Lenio Luiz. *Jurisdição Constitucional e Hermenêutica – Uma Nova Crítica do Direito*. 2ª ed. revista e ampliada. Rio de Janeiro, Forense, 2003.

_____. *Hermenêutica Jurídica e(m) Crise*. 4ª ed. Porto Alegre: Livraria do Advogado, 2003.

_____. "Bem Jurídico e Constituição: da proibição de excesso (übermssaverbot) à proibição de proteção deficiente (Untermassverbot)" – ou de como não há blindagem contra normas penais inconstitucionais". *Boletim da Faculdade de Direito de Coimbra*, vol. VXXX, Coimbra Editores, 2004, pp. 303-346.

_____. *Tribunal do Júri – Símbolos e Rituais*. 4ª ed. Porto Alegre, Livraria do Advogado, 2001.

_____. "Juizados Especiais Criminais à Luz da Jurisdição Constitucional. A filtragem hermenêutica a partir da aplicação da técnica da nulidade parcial sem redução de texto". *Caderno Jurídico*, ano 2, v. 2, nº 5, out./2002. São Paulo, Escola Superior do Ministério Público, 2002.

_____. "As (novas) Penas Alternativas à Luz da Principiologia do Estado Democrático de Direito e do Controle de Constitucionalidade". *In*: Fayet Jr., Ney (Org.). *A Sociedade, a Violência e o Direito Penal*. Porto Alegre: Livraria do Advogado, 2000.

_____. COPETTI, André. "O direito penal e os influxos legislativos pós-Constituição de 1988: um modelo normativo eclético consolidado ou em fase de transição?". *Anuário do Programa de Pós-Graduação em Direito da Unisinos*. São Leopoldo: Unisinos, 2003.

TUCCI, Rogério Lauria. *Ministério Público e Investigação Criminal*. São Paulo: Revista dos Tribunais, 2004.

EDITORA FORENSE

RIO DE JANEIRO: Av. Erasmo Braga, 227-B e 299 – Tel.: (0XX21) 3380-6650 – Fax: (0XX21) 3380-6667 – Centro-RJ – CEP 20020-000 – Caixa Postal nº 269 – e-mail: forense@forense.com.br
SÃO PAULO: Praça João Mendes, 42 – 12º andar – salas 121 e 122 – Tels.: (0XX11) 3105-0111– 3105-0112 – 3105-7346 – 3104-6456 – 3104-7233 – 3104-8180 – Fax: (0XX11) 3104-6485 – Centro-SP – CEP 01501-907 – e-mail: forensesp@forense.com.br
RECIFE: Av. Manoel Borba, 339 – Tel.: (0XX81) 3221-3495 – Fax: (0XX81) 3223-4780 Boa Vista – Recife-PE – CEP 50070-000 – e-mail: forenserecife@forense.com.br
CURITIBA: Telefax: (0XX41) 3018-6928 – e-mail: forensecuritiba@forense.com.br
PORTO ALEGRE: Telefax: (0XX51) 3348-6115 – e-mail: forenseportoalegre@forense.com.br
BAURU: Telefax: (0XX14) 3281-1282 – e-mail: forensesp@forense.com.br

Endereço na Internet: http://www.forense.com.br

CTP & IMPRESSÃO:

MINISTER

Rua Conde de Leopoldina, 644
São Cristovão - Rio de Janeiro
Tel (21) 3878-8700 Fax (21) 3878-8712
e-mail: minister@graficaminister.com.br
www.graficaminister.com.br